大展好書　好書大展
品嘗好書　冠群可期

大展好書　好書大展
品嘗好書　冠群可期

唐豪文叢 4

# 少林武當考
# 太極拳與內家拳
# 內家拳

唐豪 著

大展出版社有限公司

# 前　言

本工作室收集到一份一九五九年一月二十六日出版的《體育報》（今《中國體育報》），上面刊登了唐豪先生逝世的消息，全文如下：

本報訊　國家體委運動技術委員會委員唐豪同志，在一九五九年一月二十日因患支氣管炎哮喘呼吸衰竭不幸逝世。享年六十三歲。

一月二十三日上午十時，國家體委在嘉興寺舉行了公祭。會上由國家體委副主任黃中同志代表機關全體同志獻花圈，運動技術委員會副主任王任山同志介紹了唐豪同志的生前事蹟。參加公祭的有唐豪同志的生前親友和國家體委機關的一百多人。公祭後已移靈八寶山安葬。

唐豪同志曾多年從事司法及教育工作。一九一九年參加上海救國十人團積極宣傳抗日；一九二七年受國民黨迫害逃往日本留學，回國後仍積極參加愛國活動。一九三二年在上海法政大學，在黨的領導下從事學生運動；五卅慘案大遊行被推選爲法律委員會副委員長。並曾爲「七君子」史良等同志在法庭進行法律辯護，與國民黨反共法律作了多年政治抗辯。解放後歷任上海市公安局法律顧問，華東檢察署調研室主任，華東行政委員會政法委員會委員，和中華人民共和國體育運動委員會委員等職，並於一九五四年當選爲上海市人民代表。

從這份報導對唐豪先生四十年人生經歷的追述上，人們看不出這位「國家體委運動委員會委員」同「體育運動技術」（更不要說「武術」了）之間，存在哪怕一絲一毫的聯繫，這眞是令人費解！一代學人傾心從事的學術和他學術生涯的華彩樂章，竟被上述三九三字由權威部門發

布的報導蓋棺論定，抹殺殆盡。聯想到一九四九年之後，唐豪先生早年著作大都未曾再版（吳文翰先生語）這個不爭的事實，人們有理由認為，這不僅是一個學者個人的悲哀，更是一個學科整體的悲哀。

然而，唐豪先生其人其事，是不可能被如此抹殺掉的。在這個問題上，中國武術學會委員、暨南大學教授馬明達先生有著客觀且精到的評論，馬教授說：

「我們一直爲當代武術界出現過唐豪（字范生，號棣華）先生這樣的武術家而感到慶幸，感到榮耀。他是傑出的律師，是學養宏深的文史專家，是一位富有正義感的社會活動家；同時，又是武術家，是武術史和民族體育史學科的奠基人。唐豪先生是迄今唯一一位對武術文獻和民族體育文獻做過系統料理的學者。早在半個世紀以前，唐豪先生發表的《中國武藝圖籍考》及其《補篇》，還有新中國成立後發表的《中國民

族體育圖籍考》和許多論文專著，是二十世紀武術史和民族體育的劃時代的著作，也是武術目錄學和文獻學的創軔奠基之作。由於多方面的原因，他的著作也不免有這樣那樣的疏失，這其實很正常，我們既不必爲賢者諱，也不必橫加指議，重要的是深入認識他的開拓精神和學術成就，學習他實事求是的治學態度和卓越的武術識見，把他所汲汲開創的武術學業繼承下來，並不斷加以恢宏發揚。對武術和民族體育史來說，這是科研工作的基礎，也具有重要的現實指導意義。」

「遺憾的是，唐先生所開創的武術文獻學和目錄學，在唐先生以後竟成了一門『絕學』，不但後無來者，而且連他的著作也差不多成了無人問津的塵封之物，更不要說整理出版了。這是一個耐人深思的現象。深入地探索這一現象的成因，對研究當代武術爲什麼不斷萎縮衰變而無所適從的原因，對分析武術理論不斷淺薄化的原因，肯定大有幫助。」

（馬明達《說劍叢稿》）

本工作室同仁，深以馬教授之言為然，這也是本套《唐豪文叢》之所以會編輯和出版的大背景與初衷。

唐先生的離去，至今已經五十多年了，武術史學界無論是讚成還是反對他的人，大概誰都不能無視唐豪先生的存在，潑髒水也好，唱讚歌也罷，他都是「我國現代武術史上一位繞不過去的人物」（顧元莊先生語），為學而能如此，當復何憾！

從上文《體育報》五十多年前的報導中，我們知道唐先生被「移靈八寶山安葬」。光陰荏苒，世事變遷，唐先生的墓葬是否安然不得而知，而此套叢書，就權作我們心底為唐先生再樹的一塊墓碑罷。

本書出版尚有若干事宜需同唐氏後人接洽，唐先生身後蕭條，本工作室曾多次托人尋找先生的後人唐世敏女士未果。現書數語，留此存

照，以為日後聯繫之憑證也。

本書編輯出版得金仁霖、林子清、吳文翰、顧元莊諸位先生大力協助，謹此致謝。

瀚海工作室

# 序

略知太極拳史和武術史的人士，對唐豪先生必不陌生。

唐豪（一八九七—一九五九），字范生，號棣華，江蘇省吳縣人。幼年家貧，十餘歲時即失學到上海謀生，得從山東省德州名拳師劉震南先生學習六合拳。後任上海尚公小學校長，即將武術列為教學內容。在去日本學習政法期間兼習柔道與劈刺。

回國後，應中央國術館館長張之江先生的邀請任編審處處長。在此期間曾多次赴湖北省武當山、河南省少林寺、溫縣陳家溝等地考察，著文闡明少林拳始於達摩，太極拳源於張三丰都是後人附會之說，在武術

界及太極拳界影響很大。

一九四九年新中國成立後，唐先生曾任華東政法委員會委員。一九五五年調國家體委任顧問，專心研究中國武術史和體育史，主編《中國體育史參考資料》，計八輯。一九五九年因病逝世。

唐豪先生是我國武術史學科、太極拳史學科先驅者，二十世紀三十年代他在中央國術館任職時，就大力提倡研究武術要科學化，主張發展質樸實用的傳統武術，反對花拳繡腿式的虛假套路。

他在《武藝叢書·自序》中聲稱：「武術界中……以口頭或著作廣傳其荒誕的、邪魔的、神秘的謬論，毒害了中國一部分人的思想與行動。」為了反對這些不良傾向，他自一九三〇年即投入中國武術史的研究之中，先後撰成《手臂餘談》、《太極拳與內家拳》、《少林武當考》、《內家拳的研究》、《戚繼光拳經》、《廉讓堂太極拳譜考

釋》、《中國武藝圖籍考》等專著或論文。由於作者治學態度嚴謹，知識淵博，對中國武術史的研究取得了豐厚成就。

遺憾的是一九四九年之後，唐豪先生早年著作大都未曾再版，致使讀者有望洋興嘆之感。所幸近年山西科技出版社為了「裨益當世和後學，使我中華優秀傳統文化承傳不息」，不遺餘力地搜求、整理出版歷史上遺留下來的武術典籍，取得了可喜的成績，深受眾多讀者的讚許和歡迎。繼客歲太極拳史論家「徐震文叢」出版後，今年，又將唐豪遺作分編出版。

因為唐豪遺作比較分散，不易收集，承蒙上海金仁霖、李子清、顧元莊諸位先生大力協助，將珍藏多年的唐氏遺作獻出，共襄盛舉，「唐豪文叢」才得問世，既為武術愛好者提供了研究資料，也使唐氏遺作不致因時光遷移而湮沒。

這套叢書不是按原作面世先後順序編排，而是按內容分類，方便讀者購閱。其要目如下：

《王宗岳太極拳經》、《王宗岳陰符槍譜》、《戚繼光拳經》、《太極拳與內家拳》、《內家拳》、《少林武當考》、《少林拳術秘訣考證》、《中國武藝圖籍考》、《清代射藝叢書》、《王五公太極連環刀法》、《中國古佚劍法》、《行健齋隨筆》、《唐豪太極少林考》。

《唐豪太極少林考》中的《角觝》、《角抵半解》、《太刀》、《王寅》、《舊體育史上附會的達摩》等文，為上海林子清先生提供。林先生早年曾隨徐震先生學習武派太極拳。在他的大力協助下，山西科技出版社於二〇〇六年出版了「徐震文叢」。林先生與唐豪先生也是舊識，這次為贊助「唐豪文叢」的出版，提供了上述佚文。

太極少林考中，《中國醫療體育概況》為唐氏生前好友顧留馨先生

的哲嗣顧元莊先生提供。

繼「徐震文叢」出版之後，「唐豪文叢」也得以面世，有益於中國武術史和太極拳史的研究，這是毫無疑問的。但是由於受時代影響及掌握資料不同，唐豪先生早年提出的太極拳源於河南溫縣陳家溝陳王廷之說，當時就受到其他研究者的質疑，迄今仍有不少人士認為唐氏此說過於武斷。仁者見仁，智者見智，學術界對太極拳的起源有不同看法是可以理解的。但唐豪先生重視實地考察，認真收集史料予以研究的樸實學風，是值得我們學習和借鑒的。

吳文翰　於北京燕居齋

中央國術館叢書

# 少林武當攷

著作者唐范生

中央國術館

定稿於因流離失養而犧牲的
三小兒畢命之夜。
一九・七・一〇

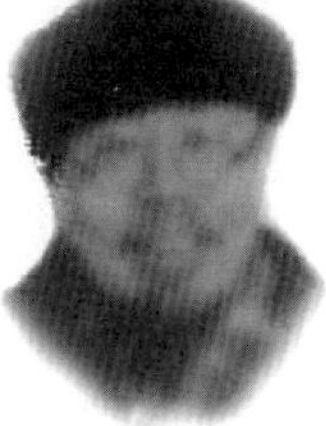

少林寺鼓樓建於大德四年七月至六年六月頃由
張選三所贈日本世界美術全集第四十四卷複寫

# 少林武當考 目錄

## 內容目次

## 下編　武當考

# 圖畫目次

# 序一

「武當、少林」，在過去武術歷史上，形成兩大宗派，是人所共知，而因此演成許多荒誕的神話，引起許多無謂的鬥爭，也是人所共知。

至於「武當、少林」之源流上的意義及歷史過程上的事蹟，不獨知道的如鳳毛麟角，即自命為武當嫡派、少林正宗的技擊家，也只有俚俗謬誤不經之談。

這也是國術趨於沒落的一原因。

直到革命後提倡國術以來，關於國術的中心理論，有識者都在努力

著建設。而歷來武術界的思想，因襲於傳統的錯誤中已非一日，現在驟然給它行科學的洗禮，至少它還是「知其當然而不知其所以然」。所以把先哲的遺留，用現代方法整理出來，加以考據，有所證明，闢其荒謬，擷其精英，在新興的國術界中，為極重要的工作。

不過我們很痛心的，以為在現代中國的學術界中，於某種學術作考據工作者的缺少。尤其是國術界，因為參考材料的貧乏，個人學識的限制，舊有觀念的包圍，談到考據，更令人與「踏破鐵鞋無覓處」之感！

著者唐范生同志，居然打破許多客觀上困難的條件，將「武當、少林」的過去歷史，用辯證法整理出來，並且對它的背景，有獨具隻眼的觀察，對它的傳說，有引今證古的分析。這不只在國術界是空前的創造，即在現代學術界中，也算偉大的貢獻。

唐同志在他的自序上說：「著者寫這本小冊的動機，一方面固然要

使一般人瞭解所謂少林武當的內容；一方面因為目睹所謂少林武當的職業武士，互相水火，互相妒嫉，十餘年來，紛爭不已。讀了這本小冊子，或者可以把天地放寬些看，大家起來，努力於國術科學的建設這條大路，再不要坐在枯井裏老嚷著天小。」望今後的國術家，能深體此言，大家一德一心，融化門派，再不要以仙佛神話，痲醉人心。

讀唐同志斯作，深有所感，因為之序。

張之江　一九，四，三〇

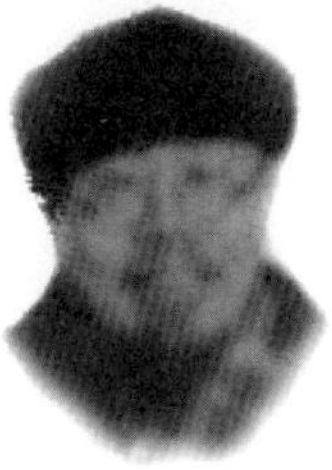

# 序 二

自來吾國之言技擊者，有內外兩家，判然若畫鴻溝，門戶主奴，各不相下，斷斷與儒家之爭漢學宋學也如出一轍，論者蓋深惜之！竊謂吾國武術之演進，固有其歷史在矣，今欲備知外家內家之原來，必先辨明少林武當之派別。少林主搏人，武當主以靜制動，此固梨洲黃氏所嘗言；其實用剛與用柔，兩家造詣雖有不同，神明而變化焉，則亦有互相為用之妙也。至若始祖達摩及張三豐等等傳說，乃由兩家弟子輾轉稱述，其足徵信與否，蓋不敢知。今得唐君范生所著《少林武當考》，讀之乃始恍然於《易筋經》及《太極拳學》諸書之為附會假託矣。究唐君

著書之本意，豈徒繁徵博引，用此以釋兩家之紛？實有深冀於吾國之技擊家，人人皆能窮見其所學之原委，卓然不為私家師說所囿，參稽互證，以期多有發明。斯誠吾道之光，而亦國術家應有之責任者也！觀唐君自序，以為人類原始之鬥爭，即技擊濫觴，其後乃益演進。以歷史考之，少林然，即武當亦然，是在吾人之自勉而已，區區派別之同異，又何足論乎！故樂為一言，以序諸簡首。

張人傑序

# 自序

武術的原始，用近代治歷史學的方法來探求，斷然不能單單依靠著以符號記載的文獻來窮其源竟其委的。退一步講，即以用符號記載的古文獻作為考證的根據，那麼，中國的武術，遠在殷代以前，已可窺見其發達的狀況。現在一班職業武士，囂然短長於少林武當之間，未免所見者太小了！

著者小影攝於東京

舉一些古文獻來說吧。

《詩經・豳風・破父》：「既破我斧，又缺我斨；既破我斧，又缺我錡；既破我斧，又缺我銶。」《曲禮》注：「射者，男子之所有事，可以疾辭，不可以不能辭？」《家語》：「子路戎服見孔子，拔劍而舞之曰：『古之君子，以劍自衛乎。』」《孟子》：「可使制梃以撻秦楚之堅甲利兵。」《世本》：「揮作弓，夷牟作矢，皆黃帝臣。」《黃帝本行記》：「帝採首山之銅鑄劍。」《太白陰經》：「木兵始於伏羲，至神農之世，削石為兵。」他如石砮見於《國語》，石斫、石椎，見於《說文》，石刀、石礸，見於任昉《述異記》。

再舉一些近代發現的古武器來說吧：商有差勿戈、雕戈、蚪戈，周有衛公孫呂戈、宋戴公戈、羊子戈、藥左軍戈、龍伯戟、幼衣斧、可伯槍、吳季子之子劍，均見阮氏《積古齋鐘鼎彝器款識》。

更舉一些甲骨鐘鼎文來說吧：羅振玉增訂《殷虛書契考釋》：有弓

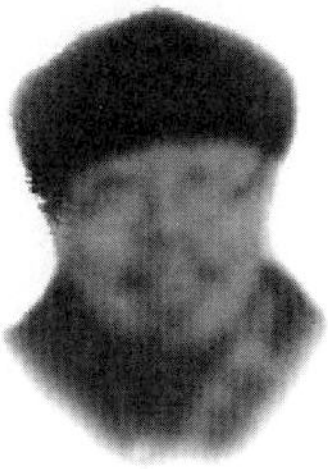

形，矢形，戈形，斧形，彈形，射形文。商宥父辛鼎，有弓矢形文。立鉞尊，有斧形文。立戟父戊彝，有立戟形文。子執刀祖乙卣，有子執刀形文。雞形父丁盉，有矢鏃形文。藻盤，有射形文。兕父癸鼎，有兕及子執弓形文，表田獵之義。弓壺，有弓形文。斧爵，有斧形文。祖丙爵，有矢形文。甗，有戈形文。父辛爵，有子左執田，右執木兵形文，表且耕且戰之義。周郙敦，有射形文。象形戈，有象戈形文。見阮氏《積古齋鐘鼎彝器款識》、《薛氏鐘鼎款識》、《寶蘊樓彝器圖錄》。類如以上的例子頗多，不過沒有再往下寫的必要。鄭眾、班固，都列象形於六書之首，大概因為古人發明象形文最早的緣故吧！許慎以指事為首，象形為次，殊未明文字發明的程序。這雖是文字源流

的問題，似乎可以置而不論，但細考殷虛書契和鐘鼎彝器款識的結果，就那時候的文字數量和發達跡象來看，其中一小部分的象形文字，可以決其在商周以前，早就沿用。況且鑄鐘鼎所需要的銅，刻獸骨所需要的刀，都能證明中國的武器在商周時代，已有相當的發達。

我們如果抱百尺竿頭更進一步的研究態度，那麼，首都的古物保存所、北平的歷史博物館、清華考古學會，均藏有中國石器時代的兵器，正是我們應該去開墾的田園。

倘若根據了以社會學為主的土俗學的方法、動物學的方法以及人類學的方法對於徒手搏擊，作一種合理的探求，那麼，武術的原始，恐怕與人類的發生，應該有同等悠久的歷史。退一步說，我們至少也應該說人類結成原始社會的時期，至少也就是徒手搏擊發生的時期。

由人類學的見地來說，原始社會的時期，人和人之間，以及人和其

他動物之間，日常有一種生存競爭的鬥爭，這是無可否認的事實。在原始社會的人類裏面，他們當然不知道驅使任何補助工具。他們只知道利用自己蠻悍的肢體和一種最原始的方法，與他們的對敵者鬥爭。這種最原始的鬥爭方法，不容說得，就是徒手搏擊的濫觴。

更由土俗學的見地來說，我們在現代未消滅的野蠻民族社會裏面去觀察，可以看見許多最原始的鬥爭方法，他們還是保持著，應用著。

動物的相撲，是我們日常所看慣的。尤其在幼小動物者之間，常容易顯出這些動作來。人類的幼年期，何嘗不是如此。所以我們由動物學的見地來觀察，更可瞭解到人類原始的鬥爭技術是怎樣的，武術的原始是怎樣的。

古文獻中涉及徒手搏擊者，《詩・小雅》：「無拳無勇，職為亂階。」《管子・小匡篇》：「於子之鄉，有拳勇股肱之力，筋骨秀出於

衆者，有則以告。」《孫子》：「搏刺強士體。」《史記》：秦二世在甘泉宮作樂，角觝，俳優之戲。中國的武術，於古已盛，正不必附會天竺沙門、邋遢道人之流。

著者寫這本小冊子的動機，一方面固然要使一般人瞭解所謂少林武當的內容，一方面因為目睹所謂少林武當的職業武士，互相水火，互相妒嫉，十餘年來，紛爭不已。讀了這本小冊子，或者可以把天地放寬些看，大家起來，努力於國術科學建設這條大路，不要再坐在枯井裏老嚷著天小。

這本小冊子，得罪人的地方頗多。著者希望被批評者，能夠體會到這是學術上的探求，並不是故意要開罪於諸位。

最後，著者希望博聞多識之士，予以嚴正的批評和謬誤的糾正，使這本小冊子於再版時有所修正，而內容更加得到充實。

范生　一九，四，二〇

嵩山圖攝自古今圖書集成

# 上編　少林考

## 一、少林寺之所在地

少林寺在河南省登封縣嵩山。此山異名頗多，《尚書》稱作外方；《詩經》稱作崧高；《爾雅》稱作中嶽；《史記》稱作太室；《漢書》稱作宗高；《山海經》稱作半石山。

少室圖攝自乾隆登封縣誌

太室、少室，總稱嵩山，因各有石室而得名。據戴延之《西征記》云：

「其山東謂之太室，西謂之少室，相去十七里。嵩，其總名也。其下各有室焉，故謂之室。」

少室一名季室，見《山海經》註；又名賀黍山，古賀黍城在其南，故名，見《郡國志》；又名嵩少，韓退之詩有句云：「三月嵩少步，躑躅紅千層。」《輿地志》：以金宣宗曾屯兵其上，稱此山為御

砦。《元和志》：「少室山高十六里，周三十里，凡三十六峰。」唐人有少室若蓮之句，至今遠近稱少室為九頂蓮花。五乳峰為三十六峰外之別峰，明許完有登五乳峰詩，描寫此峰形勝，讀之頗令人神往。

詩云：

「少室山前五乳峰，振衣千仞許誰從。
黃河淼淼舒晴練，洛邑微微見蟻封。
足縮羊腸迴俗駕，眼空鰲極蕩塵胸。
乾坤勝地鍾靈異，雲雨時時起蟄龍。」

五乳峰得名之由，因其形態所致。明王世懋《遊嵩山少林寺》記云：

「五乳峰形如鳳展兩翅。」

又王士性《嵩山遊記》云：

「五乳峰蓋山形為飛鳳，又若五乳然者。」

少林寺即建於五乳峰之麓。此寺形勢，曾經明朝兩位文家，在其遊記中描寫過。周敘《遊嵩陽記》云：

「寺在五乳峰麓。少室當其南，隱若屏列。」

文翔鳳《嵩高遊記》云：

「寺當少室之陰，三十六峰之外，有峰曰五乳，自少室拖一臂而北抱寺。」

## 二、少林寺之創建

少林寺係後魏孝文帝為天竺沙門跋陀所建。此寺創建歷史，《魏書・釋老志》、《裴漼碑》、《景德傳燈錄》、《太平寰宇記》均載之。

《魏書・釋老志》云：

「西域沙門名跋陀，有道業，深為高祖所敬信，詔於少室山陰立少

少林寺圖攝自乾隆登封縣誌

林寺而居之。」

唐裴漼《少林寺碑》（註一）云：

「少林寺，後魏孝文之所立也。」

又云：

「沙門跋陀者，天竺人也。空心玄粹，慧性淹遠；傳不二法門，有甚深道業。緬自西域，來遊國都。孝文屈黃屋之尊，申緇林之敬；太和中，詔有司建此寺處之。」

《傳燈錄》云：

「跋陀，天竺人，一稱佛陀；學務靜攝，博通經法。孝文帝一見敬禮。隨遷定都伊洛，勅設靜院居之。陀性愛幽棲，林谷是託。屢往嵩嶽，擬謝人世。未幾，帝勅就少室山為之造寺。今之少林是也。」

《太平寰宇記》云：

「緱氏縣少林寺，後魏孝文太和十九年立。西域沙門號跋陀，有道業，深為高祖敬信。制於少室山隈，立少林寺以居之，公給衣食。」

註一：畢弇山沅《中州金石錄》：「《嵩岳少林寺碑》，開元十六年七月立。裴漼撰並行書。」明都穆《金薤琳瑯》載其文。

## 三、唐詩中之少林寺

少林在唐代，不但為帝王幸臨之所，且為文人遊賞之地。相傳嵦嶺口至少林寺間，兩山對峙，有一崎嶇石道，長約八里，為唐高宗幸少林

時所鑿。見明都穆《遊嵩山記》。《舊唐書・高宗本紀》亦云：「丁巳帝如少室山。」我人一讀白居易、沈佺期、戴叔倫、韋應物等所作詩，便可想見當時少林地位。

白居易從龍潭寺至少林寺題贈同遊者詩云：

「山屐田衣六七賢，搴芳踏翠弄潺湲。
九龍潭月落杯酒，三品松風飄管弦。
强健且宜遊勝地，清涼不覺過炎天。
始知鶴駕乘雲外，別有逍遙地上仙。」

沈佺期遊少林寺詩云：

「長歌遊寶地，徙倚對珠林。
雁塔風霜古，龍池歲月深。
紺園澄夕霽，碧殿下秋陰。

歸路煙霞晚，山蟬處處吟。」

又幸少林應制詩云：

「紺宇横天空，回鑾指帝休。
曙陰迎日盡，春氣抱巖流。
空樂繁行漏，香煙薄綵遊。
玉膏從此泛，仙馭接浮丘。」

戴叔倫遊少林寺詩云：

「步入招提路，因之訪道林。
石龕蒼蘚積，香逕白雲深。
雙樹含秋色，孤峰起夕陰。
屧廊行欲遍，回首一長吟。」

韋應物經少林精舍寄都邑諸親友詩云：

「息駕依崧嶺，高閣一攀緣。
前瞻路已窮，既詣喜更延。
出巘聽萬籟，入林濯幽泉。
鳴鐘生道心，暮鶴空雲烟。
獨往雖暫適，多累終見牽。
方思結茅地，歸息期暮年。」

## 四、少林以武顯之由來

少林以武顯，始於隋末之拒賊，唐初之助征王世充。此二事均載唐裴漼《少林寺碑》。裴碑所記少林僧拒賊事云：

「大業之末，九服分崩，群盜攻剽，無限真俗。此寺為山賊所劫，僧徒拒之，賊遂縱火焚塔院，院中眾宇，倏焉同滅。」

其後，唐太宗與王世充（註一）作戰，因與少林寺教書（註二）云：

「太尉尚書令陝東道益州道行台雍州牧左右武侯大將軍使持節涼州總管上柱國秦王世民，告柏谷塢少林寺上座寺主以下徒眾及軍民首領士庶等。比者：天下喪亂，萬方乏主。世界傾淪，三乘道絕。遂使閻浮蕩覆，戎馬載馳。神州糜沸，群魔競起。我國家膺圖受籙，護持正諦。馭雁飛輪，光昭大寶。故能德通黎首，化闡祗林。既沐來蘇之恩，俱承彼岸之惠。王世充叨竊非據，敢逆天常。窺覦法境，肆行悖業。今仁風遠扇，慧炬照臨。開八正之途，復九禹之跡。法師等並能深悟機變，早識妙因，克建嘉猷，同歸福地。擒彼兇孽，廓茲淨土。奉順輸忠之效，方著闕庭；證果循真之道，更弘像觀。聞以欣尚，不可思議。供養優賞，理殊恒數。今東都危急，旦夕殄除。並宜勉終茂功，以垂令範。各安舊

業，永保林佑。故遣上柱國德廣郡開國公安遠往彼，指宣所懷。可令一二首領立功者來此相見，不復多悉。」

此書去後，即有僧志操、惠瑒、曇宗等率眾與王世充軍拒戰，執充侄仁則歸唐。裴碑記此事本末甚詳。

「寺西北五十里有柏谷墅：群峰合沓，深谷逶迤；複磴緣雲，俯窺龍界；高頂拂日，傍臨鳥道；居晉成塢。在齊為郡，王充僭號；署曰轅州。乘其地險，以立烽戍。擁兵洛邑，將圖梵宮。皇唐應五運之休期，受千齡之景命；掃長蛇薦食之患，拯生人塗炭之災。太宗文皇帝龍躍太原，軍次廣武。大開幕府，躬踐戎行。僧志操、惠瑒、曇宗等審靈眷之所在，辨謳歌之有屬。率眾以拒偽師，抗表以明大順。執充侄仁則以歸本朝。太宗嘉其義烈，頻降璽書；宣慰既奉，優教兼施。寵錫賜地四十頃，水碾一具，即柏谷莊是也。」

裴碑雖不載《金石錄》，然可相與印證者，尚有唐顧少連《嵩嶽少林寺新造廚庫記》（註三）一文。記中有一節云：

「少林寺者，蓋權輿於太和；中廢於承光；更名於大象；錫田於開皇。若乃應天順人，擒盜助信。摧魔軍於充斥，保淨土於昏霾；此又昭彰於我唐者也。」

按，少林僧所以肯為唐太宗效死力之故：其一，或當時王世充軍有覬覦少林之意。裴碑謂：「敢逆天常，窺覦法境。」又謂：「乘其地險；以立烽戍。擁兵洛邑，將圖梵宮。」可為證合。其二，隋賜地柏谷，為充軍所據，故寺僧肯為太宗所用。

充削平後，曇宗爵為大將軍，見《古今圖書集成山川典》。此說大概本都穆《遊嵩山記》或程沖斗《少林棍法闡宗》。都記云：

「當時寺僧之立功者十有三人，唯曇宗授大將軍，其餘不欲授官，

賜地四十頃。此可補唐史之缺，惜無有知之者。」

《少林棍法闡宗》云：

「唐初僧曇宗等起兵拒偽師，執王世充侄仁則歸本朝，太宗嘉其義烈，拜曇宗為大將，餘俱賜田，數降璽書，宣調慰勞，並賜地四十頃，水碾一具，即今柏谷莊是也。」

按，曇宗爵封將軍，疑後來寺僧所附會。不然何以不見於裴碑顧記。都穆謂可補《唐史》之缺，著者未以為是。

註一：王世充，隋人。其父本西域胡。煬帝南巡，世充為東都留守，及群雄割據，世充奉越王侗為帝，與李密戰，大敗之。旋廢侗，自稱鄭帝。後與秦王世民戰，敗而降。尋被仇家殺於長安。《隋書》：王世充作王充。

註二：宋趙明誠《金石錄》：「唐太宗賜少林寺敎書，八分書。無

姓名。高祖武德二年。疑後人重書。」

註三：《金石錄》：「唐《少林寺廚庫記》，顧少連撰。崔漑正書。」

## 五、達摩與《易筋經》

達摩之所以被尊為少林武術初祖者，其唯一根據，為《易筋經》李靖之一序。李序真偽，容後論之。其序云：

「後魏孝明帝太和年間，達摩大師自梁適魏，面壁於少林寺。一日謂徒眾曰：『盍各言爾所知，以識爾等之功行若何。』眾述其進修。師曰：『某得吾皮，某得吾肉，某得吾骨，某得吾毛膚，唯慧可能得吾髓。』而後人漫解之，以為喻入道之淺深，不知實有所指，非謾語也。迨九年功畢，示化葬熊耳山卻。乃攜隻履西歸。去後，面壁處碑砌，壞

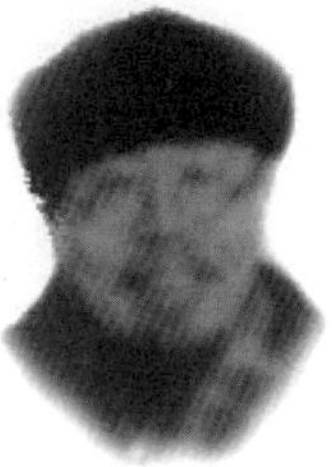

於風雨，寺僧重修之，得一石函，雖無封鎖，而百計不能開。有慧可徒曰：『是必膠漆之固也』，熔蠟滿注，遂解。眾視之，乃藏密經二帖：一名《洗髓》，一名《易筋》，皆天竺國文，僧眾不識。間有西僧能譯之者，亦僅十之一二，無復至人口授其秘。即所得少譯之文，將以之為皮毛乎，為唾餘乎，孰能罄會其微哉。寺僧各執己見，就其少譯者演習之，皆視作旁門，遂流於技藝，而為三昧之遊戲，其了道法門，亦岌岌乎將已矣！於是少林僧眾，僅以角技擅長，是得斯經之一斑耳。然此經命名曰《洗髓》，曰《易筋》，餘思非無說也，蓋其傳有在矣。昔者，一客問東方朔曰：『先生有養生訣乎？』答曰：『無他術，吾能三千年一洗髓，三千年一伐毛，吾已三洗髓三伐毛矣。』客以為滑稽之戲語也，孰知果有是事哉。吾意達摩大師，必得東方朔之訣者。即其問眾僧，某得吾皮、肉、毛、膚、骨髓之說，實有所指，非滑稽談也。故慧

可數十年，竟得其《洗髓經》文，本寺但傳之衣鉢而去。可登正果，已了其道，其洗髓之秘，是以後世無傳焉。唯《易筋》一經，雖留鎮山門，以光師法，終為俗僧之武備，其西來心印法門，俱目之渺渺若空言也。後一僧遊至少林，見寺僧不勇於為善，而勇於用力，各以鬥狠為功課。叩其故。寺僧有表其由者，出其經者。此僧超異絕識，乃悟曰：『達摩壁其經文，欲人了道，豈止此末技而為遊戲哉！此經雖不能盡譯其奧，自當有譯之者。』乃懷經遠訪，遍歷川嶽。一日抵蜀，登峨眉山，得晤西竺聖僧般剌密帝，言及此經，並陳來意。聖僧曰：『此佛祖妙印之先基也。然此經文義淵深，皆通凡達聖之事，非一時可以指陳精意。』乃止僧住於山，教以進修法；至百日而身極固，再百日而身充周，又百日而身如金石。欲馴此僧入佛而登聖域，僧果志堅，不落塵世，乃隨聖僧化行海嶽，不知所之。徐洪客遇之海外，得其秘諦，授之

後魏孝明帝太和年間達摩大師自梁適魏面壁於

服藥法

任督二脈說

下部行功法

易筋經攝自道光市隱齋本

虬髯，虬髯又授之與余。余嘗試之，輒有奇驗，始信佛語真實不虛，惜乎未得其洗髓之秘，不能遊觀佛境。又惜余立志不堅，不能如僧有不落塵世之願，乃僅成六花小技，而佐征伐之功。雖一時受知遇於聖天子，而取公侯祿，然此心終為愧歉也！謹敘其由，俾知顛末。後之學者，務期了道，切勿效區區做人間勳業事，庶不負達

摩壁經之意，亦不負余傳經之心也。若曰神勇足以名世，則古之以力聞者多矣，奚借是哉！是為序。

大唐貞觀二年三月朔三原李靖藥師甫題。」

著者所藏《易筋經》，計有三本：一，光緒戊戌金陵全記版，只有圖說而無序跋；一，道光三年市隱齋版；一，光緒甲午善成堂版。均有李藥師序，兩序內容相同。俱謂達摩於後魏孝明帝太和年間自梁適魏，此說殆本《景德傳燈錄》。查太和前於孝明之立三十餘年，係孝文年號。李藥師為唐初人，出其手筆，似不應有此誤，此序定係後人偽託無疑。又序中達摩與門徒詢答之語，其口吻亦是從《傳燈錄》脫換而來，節引於次，以證吾說。

「……師知機不契，是月十九日，潛回江北，十一月二十三日，居於洛陽，當後魏孝明帝太和十年也。寓止於嵩山少林寺，面壁而坐，終

日默然，人莫之測，謂之壁觀。迄九年已，欲西返天竺，乃命門人曰：『時將至矣，汝等盍各言所得乎。』時門人道副對曰：『如我所見，不執文字，不離文字，而為道用。』師曰：『汝得吾皮。』尼總持曰：『我今所解，如慶喜見阿閦佛國，一見更不再見。』師曰：『汝得吾肉。』道育曰：『四大本空，五陰非有，而我見處，無一法可得。』師曰：『汝得吾骨。』最後，慧可禮拜後依位而立。師曰：『汝得吾髓。』乃顧慧可而告之曰：『昔如來以正法眼付迦葉大士，輾轉囑累而至於我。我今付汝，汝當護持，並授汝袈裟，以為法信，各有所表，宜可知矣。』可曰：『請師指陳。』師曰：『內傳法印，以契證心；外付袈裟，以定宗旨。後代澆薄，疑慮競生，云吾西天之人，言汝此方之子，憑何得法，以何證之？汝今受此法衣，卻後難生，但出此衣，並吾法偈，其化無礙。』聽吾偈曰：『吾本來茲土，傳教救迷情；一花開五

葉，結果自然成。』師又曰：『吾有《楞伽經》四卷，亦用付汝；即是如來心地要門，令諸眾生開示悟入。吾本離南印，來此東土，見赤縣神州，有大乘氣象，遂逾海越漠，為法求人，際會未諧，如愚若訥。今得汝傳授，吾意已終。』言已，乃與徒眾往禹門千聖寺。」

讀此，則不但李序所云達摩適魏年月，以及得皮、得肉、得骨、得髓之語，由《傳燈錄》脫換而來。即所謂《易筋經》、《洗髓經》，亦係由皮、肉、骨、髓之語，自無生有。況有所謂《楞伽經》者付慧可，後人正可牽強附會，以成其所謂《洗髓經》與《李藥師序》，而達摩遂為少林武術初祖。

又民國六年大聲書局出版之《拳經》，中有《少林拳術精義》一卷，蓋即《易筋經》與他作雜湊成書，書賈易名以射利者也。所載《李藥師序》，與市隱齋善成堂本小有不同。其文亦不如二本之魯魚亥豕，

難以卒讀。書末，並有祝文瀾一跋。李序云：

「元魏孝明帝正光年間，達摩大師自梁適魏，面壁於嵩山少林寺。一日謂徒眾曰：『盍各言所知，以觀造詣。』眾乃各陳進修。師曰：『某得吾皮，某得吾肉，某得吾骨，唯有慧可獨得吾髓。』其後人漫解之，以為譬入道淺深耳，而不知其實有所指，非喻言也。迨九年功畢，示化葬熊耳山腳，乃攜隻履西歸。後面壁處碑砌壞於風雨，寺僧修葺之，得一鐵函，無封鎖，有合縫，而百計不能開。一僧悟曰：『是必膠漆所固也，宜以火。』函遂開，乃熔蠟滿注而四著故也。中藏二帙：一曰《洗髓經》，一曰《易筋經》。洗髓者，謂人之生於愛，感於慾；一落有形，悉皆滓穢，欲修佛諦，動障真如；五臟六腑，四肢百骸，必先一一洗淨，純見清虛，方可進修，入佛慧地，不由此經，修進無基，無有是處。讀至此，然後知向之所謂得髓者，蓋以此也。易筋者，謂骨髓

之外，皮肉之中，莫非筋也；聯絡周身，通行血氣，凡屬後天，皆其提攜；寢服修真，非其贊襄，立見頽靡；視作泛常，曷臻極致，舍是不為，進修無恃，無有是處。讀至此，然後知所謂得皮得骨肉者，蓋以此也。《洗髓經》帙歸於慧可，附之衣缽，秘作世傳，世人罕見。唯《易筋經》留鎮少林，以永師德。第其經字皆天竺文，少林僧亦不能悉通，間有譯得十之二三或四五者。後無至人，口授秘密，遂各逞己意，演而習之，竟成旁門。落於技藝，失修真之正旨，至今少林僧眾，僅以角技擅名，是得此經之一斑也。眾中一僧，志識超絕。念維達摩大師，既留聖經，寧維小道，今不能譯，當有能譯者。乃懷經遠訪，遍歷名山，抵蜀登峨眉，得晤西竺僧般剌密諦，言及此經，遂陳所志。以為聖祖心傳，基在於此；而經不可譯，佛語淵奧也。經可譯，通凡達聖也。密諦感其意，為一一指示，詳譯其義，止僧於山，提攜進修。百日而凝固，

再百日而充周，三百日而暢達，得所謂金剛堅固，馴佛智慧地，洵為有基矣。僧志精堅，不落世務，得隨聖僧化遊淨域，不知所之。後徐洪客遇之海上，得其秘諦，授之虬髯客張仲堅，仲堅復授於余。是書經密諦翻譯，非達摩原經，然文雖異而旨則真，語不奧而義易明，故謂之《易筋經義》。嘗試行之，輒獲奇效，始信仙聖真傳，必無虛妄也。惜乎未得洗髓之秘，不能遊觀佛境。又以立意不堅，不能如僧之不落世務，乃僅借六花小技，以博勳閥，終懷愧歉耳！然即此妙義，世亦罕聞，故僅序其由，俾人知巔末。企望學者，務期金剛上乘，切勿效區區做人間事業也。若能借此為基，一心大道，始不負達摩大師留經之意，亦不負余流傳經義之意也。若曰神勇足以應世，則古之以力聞者多多矣，奚足錄哉。

時貞觀二年春三月三原李靖藥師甫序。」

祝跋云：

「是書舊有家藏本，云是金閶名師張大用所留……間嘗取玩之，而覺其立論之精妙，張誠得力於此，宜其技之神矣，而初不知其中猶有未全也。甲戌之秋，在妹聟姚瀛三齋，檢故紙堆，得一冊，正是此經。較家藏本多吐納內功，動靜二功，湯藥方共六段；而序文二篇，總論四段，並後跋，則藏本有而姚本悉無。且其次序錯亂，字句脫誤，以故觸處或迷，殊難繹其端緒。攜歸參考，緣藏本諸論精確，原委詳明，乃得識其次第，齊其異同，證其訛脫。校讎之際，因悟張之闕此數段者，蓋慎重其道，留以口授耳。遂合輯之，竟成全書幸何如也！」

讀此，則知祝本李序，必非本來面目。以祝跋之文采觀之，李序或經祝加一番潤飾。達摩適魏，祝改為正光年間者，想本諸《釋氏稽古略》。蓋《釋氏稽古略》言達摩東來為普通元年，逝於大通二年，恰符

世傳九年面壁之數。查梁之普通，正當魏之正光，但普通僅七年，其後即為大通。《傳燈錄》云達摩於普通八年東來，猶可謂為改元時一歲兩見年號，獨稱逝於太和十九年，則顛倒錯亂，破綻立見。祝之竄改，想以此也。按，祝本有天啟四年紫凝道人跋。市隱齋本除紫凝道人跋外，多元中統元年海岱遊人序一篇，則市隱齋本或為廬山真面，亦未可知。祝本刊於嘉慶年間，惜無由得嘉慶以前刊本，以為證合，為可憾耳！又祝跋年月，係書嘉慶十年乙亥，查嘉慶十年係乙丑而非乙亥。

最近關於達摩事蹟，稍稍變異。民國四年出版《少林拳術秘訣》云：

「五拳之法，人多以傳自梁時之達摩禪師，其實達摩師由北南來時，居於此寺，見徒從日眾，類皆精神萎靡，筋肉衰憊。每一說法入座，則從眾即有昏鈍不振者，於是達摩師乃訓示徒眾曰：『佛法雖外乎

軀殼，然不瞭解此性，終不能先令靈魂與軀殼相離。是欲見性，必先強身，蓋軀殼強而後靈魂易悟也。果皆如諸生之志靡神昏，一入蒲團，睡魔即侵，則明性之功，俟諸何日？吾今為諸生先立一強身術，每日晨光熹微，同起而習之，必當日進而有功也。』於是乃為徒眾示一練習法，其前後左右，共不過十八手而已。」

此百九十餘字之記載，竟無從考其出處，想是著此書者所杜撰。否則梁為南朝，魏為北朝，達摩先至梁而後至魏，尊我齋主人應具此種常識，不應將達摩行蹤，由南而北者，變為由北而南。

近人著作中，依聲學舌，稱述少林宗派者，有民國六年出版之朱鴻壽《拳法講義》；又十年出版之《少林拳法圖說》；民國八年出版之郭希汾《中國體育史》；民國十三年出版之孫祿堂《太極拳學》；民國十五年出版之湯顯《達摩派拳訣》；又許太和《南拳入門》等。於是此類

附益偽妄之說，遂彌漫於所謂現代進步之中國社會間矣！姚際恒曰：「造偽書者，古今代出其人，故偽書滋多於世。學者於此，真偽莫辨，而尚可謂之讀書乎！」嗚呼！

《舊唐書・方伎傳》，言達摩遇毒而卒，此可破歷來偽託達摩諸傳說。

「昔後魏末，有僧達摩者本天竺王子，以護國出家，入南海，得禪宗妙法。云自釋迦相傳，有衣缽為記，世相付授，達摩齎衣缽，航海而來。至梁詣武帝，問以有為之事，達摩不說，乃之魏，隱於嵩山少林寺，遇毒而卒。」

《舊唐書》雖言達摩遇毒而未言其原因，《傳燈錄》述此事原委頗詳：

「時魏氏奉釋，禪雋如林，光統律師流支三藏者，乃僧中之鸞鳳

也。睹師演道，斥相指心，每與師論議，是非蜂起。師遐振玄風，普施法雨，而偏局之量，自不堪任。競起害心，數加毒藥，至第六度，以化緣已畢，傳法得人，遂不復救之，端居而逝。」

據此，則世傳達摩折蘆渡江，面壁留影，隻履西歸事，詭誕不經，斷不足信。況唐人詩文，詠述少林者獨多，絕無此種神話。又明人曾鑿壁破達摩留影之偽（見嘉靖八年刊《登封縣誌》），茲更進而研究《易筋經》之內容，以明此書決非達摩所作，書中下部行功法云：

「行此功夫其法在兩處：一在睾丸，一在玉莖。在睾丸：曰攢，曰掙、曰揉、曰搓、曰拍。在玉莖：曰咽、曰洗、曰握、曰束、曰養、曰閉。以上十一字除咽、洗、束、養外，餘七字用手行功；皆自輕至重，自鬆而緊，自勉至安，週而復始，不記遍數。日行六香三次，百日成功。則其氣充盛，超越萬物。凡攢、掙、拍、揉、搓、握六字，皆手行

之，漸次至重。若咽氣初行之始，先吸氣一口，以意消息咽下送至胸，再吸一口送至臍，又吸一口送至下部行功處，然後乃行攢、掙等功。握字功要努氣至頂為得力，日以為常。洗者用藥水，逐日蕩洗。洗有二意：一取和血氣，一取蒼老皮膚。束字功畢。洗畢，用軟帛作繩，束其莖根，鬆緊適宜，取其常伸不屈之意。養者功成物壯，鏖戰勝人，是其本分。猶恐其嫩，先用舊鼎，時或養之。養者謂安閒溫養，切勿馳騁多戰，方能無敵。功行百日，久之益佳。弱者強，柔者剛，縮者長，病者康，居然偉丈夫也。若木石鐵捶吾何惴哉！以之鏖戰，泥水探系，可以得珠。以之求嗣，則百斯男。吾不知天地間更有何藥復加於是，此功此法，信受者實乃宿契也，豈小補哉。」

餘技云：

「精氣與神，煉至堅剛永固之期，自有作用。根基希仙作佛，能勇

猛精進。設人緣未了，用之臨時，其功要處在於意有所寄。氣不外馳，則精不自狂，守不走失。欲延嗣則按時審候，應機而射，百發百中，無不孕者。設欲鏖戰，則閉氣存神，按隊行兵，自能無敵。若於下煉之時，加吞、咽、吹、吸等功，相兼行熟，則為泥水採補，最上神鋒也。」

採補邪說，道家修煉之書，多有述作者。達摩為斥相指心之苦行沙門，著為經文，以傳僧徒，甯非滑稽！且序中明明言《洗髓經》後世無傳，市隱齋本卻附有《洗髓經》一卷，矛盾極矣。此書疑是羽流所作（註一），託名達摩以售其欺者耳。

陸師通《北拳彙編》，述少林武術以趙匡胤為開山始祖。《中國體育史》謂本清人筆記。穿鑿杜撰，可為噴飯。其所述如左：

「少林派亦稱外家，趙匡胤其開山始祖也。匡胤挾有奇技，秘不示

人，醉後，曾與群臣具言其奧蘊，尋悔之，又不欲食言，卒置其書於少林寺神壇中。其法以硬攻直進為上乘，偏重實力。」—《易筋經》既出偽作，達摩能武之說，不攻自破。宋後於隋二百數十年，少林在大業末已以武顯，趙匡胤又安得為其開山始祖乎！

註一：呂光華謂，渠亦藏有《易筋經八段錦圖說》一本，署曰達摩祖師青萊眞人撰。證以市隱齋、善成堂、大聲圖書局本，均有紫凝道人跋。按，道人眞人，皆道家之稱，或係修道者別號，此書為羽流偽託之作無疑。

（附記）著者所得市隱齋本《易筋經》，有丹徒周伯義墨跋。其文云：「易筋之法，世固有之，但習之不善，每致瘵疾，不可輕試。且此書參以採補御女邪說，禍人實深。因文義通順，易於動聽，不得不贅語為戒。焦東閣固不必藏有我此說，亦不必焚也。

光緒四年重九日丹徒周伯義子如父記。」

## 六、緊那羅王神話與少林棍法

少林棍法，有「小夜叉」、「大夜叉」、「陰手」、「排棍」、「穿梭」之別。「小夜叉」、「大夜叉」、「陰手」各有六路，「排棍」三路，「穿梭」一路。此棍歷史，明人程沖斗所著《少林棍法闡宗》及康熙年間閻興邦《重修登封縣誌》中，均有一段神話。

《少林棍法闡宗》云：

「元至正間，紅軍作難，苦為教害。適爨下一人出慰曰：『唯眾安穩，我自禦之。』乃奮神棍，投身灶煬，從突而出，跨立於嵩山御寨之上，紅軍自相辟易而退。寺眾異之。一僧謂眾曰：

『若知退紅軍者耶？乃觀音大士化身緊那羅王是也！』因為編藤塑

像，故演其技不絕。」

《登封縣誌》云：「《嵩書》，至正初，有一僧至少林，蓬頭裸背，跣足著單棍。在廚中作務，數年殷勤，負薪執爨，朝暮寡言。暇則閉目打坐，人皆異之，莫曉其姓名。後紅巾賊率眾突至少林寺，欲行劫掠。此僧持一火棍出，變形數十丈，獨立高峰，眾賊驚怖而遁。大叫曰：『吾是緊那羅王也！』言訖遂沒。塑像寺中，遂為少林伽藍神。」

少林棍法攝自明刊本武備志

以上兩段神話，有一極相矛盾之點：一則謂另一僧告眾，此僧是觀

音大士化身緊那羅王；一則謂此僧自叫是緊那羅王。此與達摩壁影，同是少林和尚愚哄庸俗所偽造。執爨僧用棍破賊，嘉靖《登封縣誌》不載其事。即有其事，亦決不是神佛顯化。否則執爨僧自叫吾是緊那羅王而沒，佛既沒矣，寺僧更何由得傳演其技哉？

隋大業末，少林僧因拒山賊之劫，寺遭焚毀。其後僧眾又助唐太宗征伐王世充，均見唐裴漼《少林寺碑記》。但寺僧是否用棍，無從考證。馬子貞《中華新武術棍術科》梁任公序謂：

「隋大業末，天下亂。流賊萬人，將近少林寺，寺僧將散走。有老頭陀持短棍衝賊鋒，當之者皆辟易，不敢入寺。乃選少壯僧百人授棍法。唐太宗征王世充，用僧眾以棍破之，敘其首功者十三人。」

任公治歷史頗深，此說不知何據。按，棍術科刊於民國八年，後十一年而有姜容樵之《少林棍法》出版，書中敘述少林棍源流，頗與任公

之說相同。

「隋末，流賊萬人，將近少林，以寺僧精棍法，乃退賊。又唐太宗嘗用僧眾，以棍破王世充軍，此棍之見於隋唐史冊，斑斑可考者。」

此是韓慕俠序《少林棍法》所云。查《隋書》及《舊唐書》，均未見有少林僧以棍退賊及破王世充事。韓序或即據任公所云，未加深考，而引用者歟？

又姜容樵自序云：

「按少林棍法，肇始於隋。大業中，寺僧以棍破群盜，由是遂以少林棍名天下。唐宋以來，代有傳人。其時所傳，僅順把十八棍；後發明陰把三十二棍、六十四棍，即今之群羊棍、齊眉棍、瘋魔棍、行者棍是也。迨元季至正間，紅軍圍少林，僧眾無以應。相傳有癩頭爨夫，出謂眾曰：『唯請少安，匪眾我自禦之。』乃持棍由灶筒突出，足跨兩山。

現出萬丈金佛，以棍橫掃，紅軍辟易，而癩頭爨夫倏焉不見。一僧謂眾曰：『若知退紅軍者耶？乃緊那羅王化身也。』余幼見習棍者，皆供南無大聖緊那羅王菩薩，後詢余叔，始悉顛末。」

按，爨夫之頭患癩，想是容樵渲染之筆，否則以千百年後之人，狀一未經目睹者之頭，不幾與任公序中之老頭陀，同屬滑稽乎！容樵自序中，雖有「此固傳聞如是，或為此說者，假託神權，以堅其同門信仰之心。」之按語。獨惜有此懷疑，而不更作進一步之研求，著述態度，似不應爾。

以群羊棍、齊眉棍、瘋魔棍、行者棍列為少林棍法，大概亦是出於容樵杜撰。按，《少林棍法闡宗》中，言少林棍之源流甚詳，引用之於次：

「『小夜叉』，少林棍名也。夜叉云者，以釋氏羅剎夜叉之稱，其神通廣大，降伏其心，即可為教護法。釋氏又以虎為巡山夜叉者，即此

少林棍法攝自千頃堂翻刊本少林棍法闡宗

意也。棍傳六路。」

「『大夜叉』，亦有六路，勢與『小夜叉』相等，但腳步變換之間較開闊耳。」

「『陰手』，亦少林棍名也。『陰手』云者，以兩手持棍俱陰，近身入懷，能縮長棍短用也。與夜叉相表裏，非陰手短棍之比。亦有六路。」

「『排棍』，亦少林棍名也。兩人相排，一上一下，一來一往，周旋迴轉，近身入懷，兩相演用之棍。原轉六路，今只用上中下三路，即本寺亦置之矣，然是活法，無定勢。」

「『穿梭』，亦少林棍名也。棍梢相穿，一伸一縮，左右前後如穿梭然，乃開場起手之棍也。只有一路，亦是活法，無定勢。」

著者何以敢信程沖斗《少林棍法闡宗》之棍名為可靠，而致疑於姜容樵《少林棍法》之棍名為不可靠乎？請一讀《武備志》茅待詔之言，與程沖斗自敘學棍於少林之歷史，便知著者深信程說之理由。

《武備志》云：

「茅元儀曰：『諸藝宗於棍，棍宗於少林，少林之說莫詳於近世新都程宗猷之《闡宗》。』」

程自敘云：

「余自少年，即有志疆場，凡聞名師，不憚遠訪。乃挾貲遊少林者，前後閱十餘載。始事洪紀師，溷跡徒眾，梗概粗聞，未憚厥技。時洪轉師年逾八十，耄矣。棍法神異，寺眾推尊，嗣復師之，日得聞所未

聞。宗想、宗岱二師，又稱同好，練習之力居多。後有廣按師者，乃法門中高足，盡得轉師之技而神之，耳提面命，開示神奇。後從出寺同遊，積有年歲，變換之神機，操縱之妙運，由生詣熟，緣漸得頓，自分此道，或居一得。至於弓、馬、刀、槍之藝，頗悉研求，然半生精力瘁矣。余叔祖武學生雲水、侄君信、太學生涵初昔曾同學少林者，嘗以少林棍法，只憑師僧口授心識，謂余當創圖訣，公諸同志，余謝不敏。久之，四方賢俊，妄相推借，督以為隱，乃不獲已。爰從暇日，裒集師友所授，及閱歷證合者，命工繕寫圖像，不辭鄙俚，綴以歌訣於左，積錄成帙，名曰《少林棍法闡宗》。庶幾一觸目間，而形勢昭然，俾人人得以自師云耳。」

少林棍法，授者多有不同。程沖斗《少林棍法闡宗・問答篇》，有一節論及此事云：

「或問曰：『今攻少林棍者不乏人，然多不同者，豈人有異師，師有異教乎？』余曰：『教本一源，但世遠人乖，授者尚奇好異，或以此路頭而混彼路尾；或以彼路尾而雜於此路中；甚至一路分為二路，惑世誣人，博名射利，予深扼腕，特為標真。』」

沖斗扼腕於棍法失真，歸之於授者尚奇好異，此是恕辭也。今人動以少林武當為市招，余謂其動機多出於惑世誣人博名射利之一念。古人授技，以此路混彼路，分一路為二路，猶是中秘私之毒。今人則不以混而以冒，不求真實而務標榜，無怪所謂少林武當教師，多於過江之鯽矣！

著者按：棍之名世者，不僅少林，《紀效新書》謂少林寺之棍，與青田棍法相兼，楊氏槍法，與巴子拳棍，皆今之有名者。又孫家陰手棍，亦見《少林棍法闡宗》引述，明大將俞大猷所著《劍經》，即是棍法，此不可不知也。

少林寺拳法攝自日本角力史

## 七、明代之少林

明代少林僧之以棍名者，有洪紀師、宗想師、宗岱師、廣按師、洪轉師。習武於少林者，有程沖斗宗猷、程雲水廷甫、程君信儒家、程涵初子頤、邊澄等。邊傳見《寧波府志》，餘均見《少林棍法闡宗》。又相傳有哈嘛師、匾囤師者，不詳何時人，生於緊那羅之後，《少林棍法闡宗》記其事云：

「……有哈嘛師者，似亦緊那羅

王之流亞，曾以經旨授淨堂，以拳棍授匾囤。匾囤嘗救人苗夷中，苗夷人尊而神之。嘗考海內無武僧，唯少林稱，重護教也。」

明人詩文中頗多詠述少林僧習武事。錄其一二，以見當時盛況。

焦宏祚少林寺詩云：

「高峰六六抱幽奇，雲暝山深鐘磬遲。
風雨數朝槐與柏，蘚苔百道碣連碑。
僧閑古殿仍談武，鳥立空階似答詩。
處處樓臺皆隨喜，何緣覓得貝多枝。」

徐學謨少林雜詩云：

「名香古殿自氤氳，舞劍揮戈送落曛。
怪得僧徒偏好武，曇宗曾拜大將軍。」

文翔鳳《嵩高遊》記云：

「……歸觀六十僧之以掌博者、劍者、鞭者、戟者，遂以興西。」

袁宏道《嵩遊記》云：

「……曉起出門，童白分棚立，乞觀手博，主者曰：『山中故事也』，試之多絕技。」

王士性《嵩遊記》云：

「……下山再宿，武僧又各來以技獻，拳棍搏擊如飛，他教師所束手視；中有為猴擊者，盤旋踔躍，宛然一猴也。」

明代少林僧始專於拳，程沖斗《少林棍法闡宗・問答篇》云：

「或問曰：『棍尚少林，今寺僧多攻拳而不攻棍，何也？』余曰：『少林棍名夜叉，乃緊那羅之聖傳，至今稱為無上菩提矣。而拳猶未盛行海內，今專攻於拳者，欲使與棍同登彼岸也。』」

雍正十年曹秉仁纂修《寧波府志》記邊澄事，謂為明人而學於少林

者。其所述如次：

「明邊澄，慈溪人。年十五時，聞王荊公祠祈夢有驗，詣祠禱曰：『願學一藝立名。』夢鬼卒手教之搏，自是有絕力。已而客山東，戲以肩當下坡車，車止不行。聞少林寺僧以搏名天下，托身居爨下者三年，遂妙悟搏法。一日，辭主僧歸，主僧念其勞欲教之。對曰：『澄已粗得其略。』試之，果出諸學者右。後遊行江湖間，莫有敵者。嘗飲姚江酒市，醉忤一力士。力士乃豪貴子，即求澄與角力，士北愧忿，因哄其黨百餘人，圍捕之。澄不動，直持帨纏其槊，舉足一奮，出群槊外，眾投槊伏謝。正德間，倭寇來貢，有善槍者，聞澄名，求一角，太守張津許之。倭十餘輩，各執槍爭向，澄舉扒一麾，槍皆落。後者復槍圍之，澄一作聲，直超其圍，抽扒擬一二倭而弗殺，以示巧。守歎曰：『亦足為國家重！』賞之。時江彬率邊兵數萬，從駕南巡，將回鑾。彬謂南兵不

如北之勇，欲留鎮守。南司馬喬宇堅執不可，南兵亦自足用，請會南北兵校藝。於是檄取澄及金華綿章二人，應募至京，宇乃與彬集演武場試之。北兵舉雙刀，捷如弄丸。澄梃擊之，兩刀齊折，北兵氣沮，宇遂罷鎮守之議。市人不識者，或侮之，多不較，若無技能，人人以是多之。」

邊澄祈夢，鬼卒手教之搏，此猶得謂為迷信心理之現象，唯稱夢後即有絕力，則誕妄不足信也。《寧波府志》所記邊澄事蹟，似不甚忠實。

## 八、少林之興廢

少林寺在唐以前，已經幾度之興廢，其見於顧記者：

「少林寺者，蓋權輿於太和；中廢於承光。更名於大象；錫田於開皇。」

見於裴碑者：

「周武帝建德中，納元嵩之說，斷釋老之教；率土伽藍，咸從廢毀。明皇帝繼明正位，追崇景福。大象中，初復佛像及天尊像，乃於兩京，各立一寺。因孝思所置，以陟岵為名，其洛中陟岵即此寺也。隋高祖受禪，正朔既改，徽號已殊，唯此寺名，特令仍舊。開皇中有詔：二教初興，四方普洽，山林學徒，歸依者眾，其柏谷屯地一百頃，宜賜少林寺。」

按大象為周年號，有自稱依據少林寺記載而編成之《少林奇俠傳》，謂陟岵係隋文帝所改，此說大概本諸《辭源》，《辭源》則本諸《清一統志》。出版之書局，一再登報，誇大其辭，以考據自鳴，借遂其投機射利之圖，即此小節，尚不知其沿誤，內容豈堪問哉！

隋末，少林遭山賊焚毀，又遭一劫。唐初因助征王世充功，賜田四

十頃，水碾一具，其事具見裴漼碑。爾後海內承平，以帝王之幸臨，文人之遊賞，而成少林極盛時代。

武后時，賜帑重修，其修少林寺碑（註一）云：

「暑候將闌，炎序彌溽，山林靜寂，梵宇清虛。宴坐經行，想當休息。弟子前隨鳳駕，謁鷲岩觀寶塔以徘徊。睹先妃之靜業，薰修之所，猶未畢功，一見悲驚，萬感並集。攀光寶樹，載深風樹之哀。吊影珠泉，更積寒泉之思。弟子自唯薄祜，鎮切煢懷。每屆秋期，倍軫摧心之痛。炎涼遞運，逾添切骨之哀。未極三旬，頻踵二忌。恨乘時而更恨，悲踐露而愈悲。唯託福田，少申荒思。今欲續成先志，重置莊嚴。故遣三思齎金絹等物，往彼就師平章。幸識斯意，即務修營。望及諱辰，終此功德。所冀罄斯誠懇，以奉津梁。稍言資助之懷，微慰煢迷之緒。略書示意，指不多云。」

宋時少林大雄殿，大概又加重建，明王世懋《宿煖泉寺遊嵩山少林寺記》云：

「大雄殿不甚宏而制度堅雅，猶是宋時重建者。」

註一：《金石錄》：「唐天后《少林寺碑》王知敬正書。永淳二年九月。」

## 附唐《嵩岳少林寺碑》（錄明刊本《金薤琳琅》）

銀青光祿大夫守吏部尚書上柱國正平縣開國子裴漼文並書。

原夫星垂梵界，聖緣開萬化之先；日照（缺一字）宮，神跡蘊三靈之始。包至虛以見世，象教久傳於曠劫；籠群有以示凡，法身初應於中古。見神通之力，廣拔苦因；開智慧之門，深明樂界。鶴林變色，觀其戀慕之心；雁塔開扉，通其瞻仰之路。少林寺者，後魏孝文之所立也。

東京近甸；大室西偏。正氣居六合之中；清都控九州之會。緱山北峙，亙宛洛之天門；潁水南流，連荊河之雲澤。信帝畿之靈境，陽城之福地。沙門跋陁者，天竺人也。空心玄粹，惠性淹遠；傳不二法門，有甚深道業。緬自西域，來遊國都。孝文屈黃屋之尊，申繕林之敬；太和中，詔有司於此寺處之。淨供法衣，取給公府。法師乃於寺西台造舍利塔，塔後造翻經堂。香水成塗；金繩為約。苦心精力，俾夜作晝。多寶全身之地，不日就功；如來金口之說，連雲可庇。西緣長澗，夾松柏之蕭森；北拒深崖，覆筠篁之冥密。煙花濃靄，暝下天香；泉籟清音，曉傳空樂。跋陁息心茲地，樂靜安居。感而遂通，境來斯證。寤寐之際，若有神人。致石磬一，長四尺，規制自然，聲律咸具。得之河曲，空聞漢使之談；浮於泗濱，徒入夏王之貢。管弦風夜，合清響於中天；鐘梵霜晨，諧妙音於上劫。時有三藏法師勒那，翻譯經論；遊集剎土。稠禪

師探求正法；住持塔廟。蚪箭不居，光塵易遠。虹梁所指，象設猶存。周武帝建德中，□元嵩之說，斷釋老之教；率土伽藍，咸從廢毀。明皇帝繼明正位，追崇景福。大象中，初復佛像及天尊像，乃於兩京各立一寺；因孝思所置，以陟岵為名；其洛中陟岵，即此寺也。隋高祖受禪，正朔既改，徽號已殊；唯此寺名，特（缺一字）仍舊。開皇中有詔：二教初興，四方普洽，山林學徒，歸依者眾，其栢谷屯地一百頃，宜賜少林寺。大業之末，九服分崩；群盜攻剽，無限真俗。此寺為山賊所劫，僧徒拒之，賊遂縱火焚塔院，院中眾宇，倏焉同滅；瞻言靈塔，巋然獨存，天龍保持，山祇福護，神力所及，昔未曾有。寺西北五十里，有栢谷墅：群峰合沓，深谷逶迤；複磴緣雲，俯窺龍界；高頂拂日，傍臨鳥道；居晉成塢，在齊為郡；王充僭號，署曰轘州。乘其地險，以立峰戍。擁兵洛邑，將圖梵宮。皇唐應五運之休期；受千齡之景命。掃長蛇

薦食之患；拯生人塗炭之災。太宗文皇帝，龍躍太原；軍次廣武。大開幕府；躬踐戎行。僧志操、惠瑒、曇宗等，審靈眷之所在；辯謳歌之有屬。率眾以拒偽師；抗表以明大順。執充侄仁則以歸本朝。太宗嘉其義烈，頻降璽書；宣慰既奉，優教兼承。寵錫賜地四十頃，水碾一具，即柏谷莊是也。迨海宇既平，憲章云始；偽主寺觀，盡令廢除。僧善護洞曉二門；遠該三行。詣闕進表，特蒙置立。武德中，寺有白雀見。貞觀中，明禪師造重塔之辰，白雀復瑞見。璿圖肇啟，初欲呈祥；寶殿才興，遽聞相賀。高宗天皇大帝光紹鴻業，欽明至理。嘗因豫遊，每延聖敬。咸亨中，乘輿戾止。御飛白書題金字波若碑，留幡象及施物。永淳中，御札又飛白書一飛字題寺壁。雲開顧鶴；電摶遊龍。神草競秀於椒塗；雲泉迴飛於錦石。雕甍增耀，若綴春葩；金疊分輝，似懸秋露。天皇升遐；則天大聖皇后為先聖造功德。垂拱中，有冬竹抽筍；塔院後復

有藤生證。聖中中，使送錢於藤生處，修理階陛。寺上方普光堂功德，隨日修造，自爾飛鳥莫敢翔集。此寺陁蹠置，業造神微。皇家尊崇，事光幽秘。珍符薦臻於動植；靈應亟發於庭除。累聖屬心，每頒渥澤。王言宸翰，既疊映於雞峰；寶像珠幡，亦交馳於龍蟄。皇上睿圖廣運，神用多能。借明台之化清；繹天池之墨妙。以此寺有先聖締搆之跡，御書碑額七字。十一年冬，爰降恩旨，付一行師，賜少林寺鐫勒。梵天宮殿，懸日月之光華；佛地園林，動煙雲之氣色。漢元魏武，徒炫奇於篆素；鍾繇蔡雍，虛致美於緗簡。日者明敕，令天下寺觀田莊，一切括責皇上。以此寺地及碾，先聖光賜，多歷年所。襟帶名山，延袤靈跡。群仙是宅，邁羅閱之金峰；上德居之，掩育王之石室。特還寺眾，不入官收。曾是國土崇絕，天人歸仰；固以名冠諸境，禮殊恒剎矣。高僧跋陁，明三藏心禪。諸門弟子惠光、道房、稠禪師等精勤梵行，克傳勝

業。惠光弟子僧達曇、隱法、上法師等十大德，亦號十英。復有達摩禪師，深入惠門，津梁是寄。惠可禪師等，玄悟法寶，嘗托茲山。周大象中，寺初復，選沙門中德業灼然者，置菩薩僧一百廿人，惠遠法師、洪遵律師即其數也。皇唐貞觀之後，有明遵、慈雲、玄素、智勤律師虛求一義，洞真諦之源。復有大師諱法如，為定門之首，傳燈妙理。弟子惠超，妙思奇拔，遠契玄蹤，文翰煥然，宗塗易曉。景龍中，敕中岳少林寺置大德十人，數內有闕，寺中抽補，人不外假，座無虛授。澄什聯華，林遠接武。星霜殆周於二紀；蘭菊每芳於十步。上座寺主都維那等，牢籠法藏，遊息禪林。德鎣神珠，戒成甘露。海內靈岳，莫如嵩山。山中道（缺一字），茲為勝殿。二室廻合；八谷潺湲。地匝貝花；門連石柱。妙樓香閣，俯映喬林；金刹寶鈴，上搖清漢。法界之幽贊如彼，皇家之福應如此。天長地久，不傳忉利之宮；劫盡塵微，孰記鐵圍

之會。精求貞石。博訪良工；將因墨客之詞，或頌金仙之德。聿宣了義，遠喻其空。其詞曰：

恒沙國土，微塵品類；妄見飛奔，正心蘊櫃；
昏途莫曉，淨根將墜；樂於蓋纏，若安夢寐。
愍哉大聖，降跡閻浮；潛迴寶軸，廣運慈舟；
實無滅度，示有降柔；紺宮西闢，白馬東流。
連因慢生，悟為信起；玉刹斯建，寶山載峙；
花台竹林，清泉妙水；靜唯真相，湛然攸止。
巖巖嵩嶺，河洛巨鎮；下屬九溪，上干千仞；
天磴重阻，仙都清峻；式創招提，是資誘進。
婉彼上德，載誕老闍；闍傳業亞，演教中華；
孝文申敬，恩錫仍加；經營宴室，迴出雲霞。

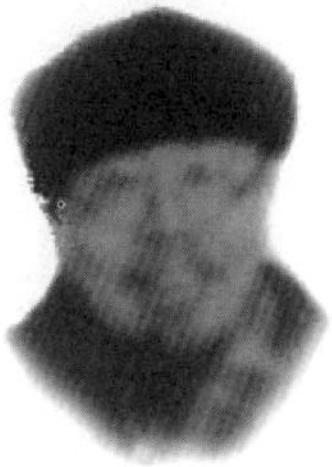

中岳北阯，嵩高西麓；斜界玉池，洞開栢谷；
紆餘崗澗，連延水木；鬱起旃壇，云誰卜築。
吾師苦行，清修道場；勵精像宇，專力經堂；
金界繩直，椒塗水香；散花有地，棲禪得方。
解空應眞，默識開士；乘杯遊集，振錫戾止；
翻譯幽偈，發揮妙理；仙磬感靈，神雀降祉。
運交土木，代歷周隋；劫火遞起，魔風競吹；
法身咸翳，淨國同隳；或聞興澓，詎振崩離。
神堯應期，撥亂反正；皇矣覺力，大弘福慶；
式遏醜徒，聿扶興聖；累降恩旨，兼敷錫名；
高宗時豫，先后仆征；亟迴雕輦，屢倚虹旌；
岩題玉札，地振金聲；珍符薦至，在物斯呈；

我皇龍興，有典咸秩；懿茲上界，式儲神筆；
雲搖大圍，鑾迴少室；草垂仙露，林升佛日；
護持八正，每候能仁；跋陁降德，稠公有隣；
厥後眞侶，更傳了因；辯才高行，無替淸塵；
倬焉梵衆，代有明哲；今我諸公，蘊波禪悅；
芳越蘅杜，淨逾冰雪；遠綿津梁，無非苦節；
穎上靈岳，山間寶殿；秀出梵天，孤標神縣；
芥城可謁，桑田有變；貞石永刊，靈花常遍。

開元十六年七月十五日建

明都穆云：「右唐《嵩岳少林寺碑守》。吏部尚書裴漼撰並正書。少林寺在河南登封縣少室山麓，去嵩岳二十里。嵩岳一稱太室，故有少室。而此寺曰嵩岳者，統於尊也。予正德癸酉嘗遊嵩岳，訪少室，留宿

寺中，見殿後有立雪堂，相傳昔達摩之徒惠可欲嗣其法，雪深至腰不去，此即其處。寺右上山三里，有達摩洞。洞有石，達摩面之九年，形宛然石上，其事甚異。達摩為釋氏西來初祖，可稱二祖，碑雖及其人，而二事皆不之載。寺復有太宗與僧教書石刻，蓋太宗為秦王時，寺之僧擒王世充以獻，故太宗賜書褒美。而碑云僧執世充侄仁則以歸，與教書不同，予故書之，以見古人之文，不無缺誤如此。然非予之親歷，則亦莫能知也。」著者按，裴漼碑並無缺誤。蓋都穆據教書擒彼兇孽等語，斷章取義，遂言寺僧擒王世充以獻，是未審教書前後語氣，而有此誤斷也。夫既曰寺僧擒王世充以獻，太宗賜書褒美，則教書之首，何必更告軍民士庶；教書之末，何必有勉終茂功，以垂令範之語。著者以為太宗此書，頗有檄文性質；擒彼兇孽，非立功後褒美之辭，乃勉少林僧以及軍民士庶等助其戡定王世充也。教書中東都危急，旦夕殄除，指世充被

圍事。《隋書》、《舊唐書》亦均言世充圍急而降，未言被執，尤可證裴碑之並無缺誤，特都穆之讀書未能細心體會耳！

# 下編　武當考

## 一、武當之所在地與其形勝

武當，山名，在今湖北均縣南。《南雍州記》：「武當山山高巃峻，若博山香爐，岧亭峻極，干霄出霧。」《荊州記》：「武當山在縣南二百里。斯山乃嵩高之參伍，五嶽之流輩。」《水經・沔水註》：「武當山山形特秀，異於眾嶽，峰首狀博山香爐，亭亭遠出。曾水發源山麓。」《武當山》記：「武當山周迴四五百里，中有一峰，名曰參嶺，高二十餘里，望之秀絕，垂於雲表，清朗之日，然後見峰，一月之

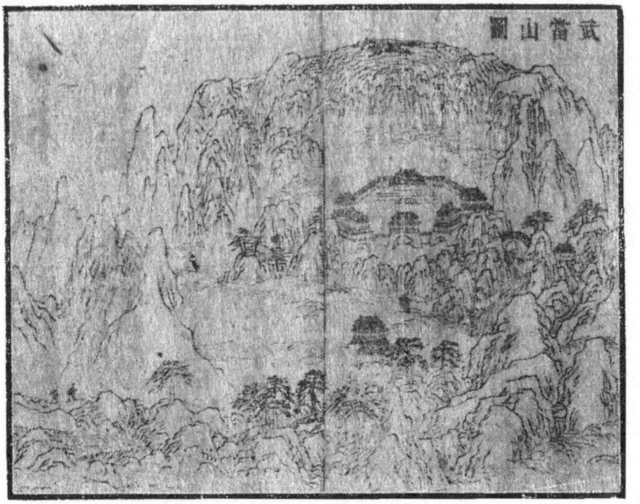


武當山圖攝自古今圖書集成

間，不見四五。輕霄蓋於上，白雲帶其前，且必西行，夕而東返，嘗謂之曰朝山，蓋以眾山朝揖之主也。」《輿地紀》：「武當山上有七十二峰，三十六巖，二十四澗，其峰最高者曰天柱、曰紫霄。」《方輿勝覽》：「京西路均州武當山，在武當縣南二百里。」按，武當縣漢置，故城在今湖北均縣北，元時移置，明廢，今均縣治。《三才圖會武當山圖考》：「武當山在襄陽府均州。」《湖廣通志・山川

考》：「武當山在襄陽府均州城南一百二十里。」《襄陽府志・山川考》：「武當在均州南二百里，周迴八百餘里。」《太和山志・形勝考》：「武當在均州之南，周迴六百餘里。」

《荊州記》、《方輿勝覽》、《襄陽府志》，均謂山在縣南二百里，獨《湖廣通志》謂在縣南一百二十里。《武當山》記謂山周迴四五百里。《襄陽府志》謂山周迴八百里。《太和山志》謂山周迴六百里。古者測繪未精，此其約計之數，故遂各異其說。

## 二、武當山之山名與神話

《荊州記》：「武當山一名仙室，一名太和。」《水經・沔水注》：「武當山一曰太和山，亦曰參上山，又曰仙室。晉咸和中，曆陽謝允舍，羅邑宰，隱遁斯山，故亦曰謝羅山。」《輿地紀》：「太和山初名

太嶽，又名仙室，又名參上山。」《湖廣通志・山川考》：「武當山一名太和，一名大嶽。」

《襄陽府志》：「大嶽太和山，先名太和，一名仙室，一名大嶽。」《太和山志》：「武當山一句太和，一名大嶽，一名仙室。」

此山之所以名武當，蓋由於神話得來。元偈奚斯《大五龍靈應萬壽宮碑》云：

「襄漢均房之間，有山焉，根蟠八百里……名曰太和之山。元武神得道其中，改號武當，謂非元武不足以當此山也。」

明劉三吾《武當山五龍靈應碑》云：

「相傳元天之氣之神，當軒轅氏時，震夙淨樂國王家，乳於母之脅左。……年十五，辭親出俗，誓斷妖魔，匡扶劫運，主玉清紫元君授以無極上道。俾之越海，東歷翼軫之下，訪登是山，擇眾峰中沖高紫霄面

陽者居之。……元天之神，則以黑駝袞角之劍，斷魔削邪，為國為民，興利除害。」

元程鉅天《大天一真慶萬壽宮碑》云：

「……峰之最勝者曰南巖，巖前有洞天二：曰太安皇崖、天顯定極風天。上出浮雲，下臨絕澗。猿啼鳥嘷，豺虎所家，人可投足者僅尋丈許。道家言龍漢之年，虛危之精，降而為人，修道此山，道成乘龍飛天，是為元武之神。」

此種神話之不足為信，已被元人息剌忽一語道破。息剌忽《武當事蹟・序》云：

「……欽奉宣命，來守於均；而武當福地，正在境內。到任之初，詢問此山事實，所傳不同，未堪為信。……」

著者為下一轉語曰：「即所傳盡同，亦未堪為信也。」

## 三、明太祖與陳也先校武於武當之故實

《太和山志》記明太祖與陳也先校武事云：

「明太祖未遇時，詣太和進香，回路遇滁州陳也先，登臺自稱拳棒無敵，太祖遂與角勝。俄捽也先臺下，也先率徒從數百追之，會義友鄧愈、湯和等力抵乃脫。是夜，太祖止宿殿後，適也先亦至。聞樂聲，知也先率所部草殿飲酒，太祖舉火焚之，也先逃去。」

按，草殿今訛草店，距均城五十里，在自在庵之右。

談武當拳棒故實者，只此一事而已，張三丰並不嫻技擊也。《太和山志》何據，待考。

## 四、成祖訪求張三丰之內幕

今之言武當者，動以張三丰為標榜。其實張三丰事蹟，《明史》言之，亦含糊不足盡信，何況附會神仙，惑世欺人如《三丰全集》、《張三丰太極煉丹秘訣》等書乎！《明史・方伎傳》記張三丰事蹟云：

「張三丰，遼東懿州人，名全一，一名君寶，三丰其號也。以其不修邊幅，又號張邋遢。頎而偉，龜形鶴背，大耳圓目，鬚髯如戟。寒暑惟一衲一蓑，所啖升斗輒盡，或數日一食，或數月不食。書經目不忘，遊處無恒，或云一日千里。善嬉諧，旁若無人。嘗遊武當諸巖壑，語人曰：『此山異日必大興。』時五龍、南巖、紫霄，俱毀於兵。三丰與其徒去荊榛瓦礫，創草廬居之，已而舍去。太祖故聞其名，洪武二十四年，遣使覓之不得。後居寶雞之金臺觀。一日，自言當死，留頌而逝，

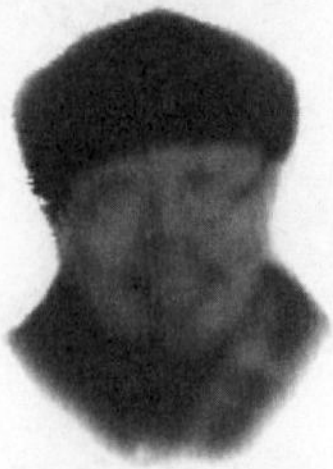

縣人共棺殮之。及葬，聞棺內有聲，啟視則復活。乃遊四川，見蜀獻王，復入武當。歷襄漢，蹤跡益奇幻。永樂中，成祖遣給事中胡濙偕內侍朱祥，齎璽書香幣往訪。遍曆荒徼，積年不遇。乃命工部侍郎郭璡隆平侯張信等，督丁夫三十餘萬人，大營武當宮觀，費以百萬計。既成，賜名太和太岳山，設官鑄印以守，竟符三丰言。或言三丰金時人，元初與劉秉忠同師，後學道於鹿邑之太清宮，然皆不可考。天順三年，英宗賜誥贈為通微顯化真人，終莫測其存亡也。」

讀《明史》胡濙、鄭和傳，及《惠帝本紀》，而後知成祖之訪張三丰，實含有政治問題，而非慕三丰之為仙也。胡傳云：

「胡濙字源潔，武進人。生而髮白，彌月乃黑。建文二年舉進士，授兵科給事中。永樂元年，遷戶部都給事中。惠帝之崩於火，或言遁去，諸舊臣多從者，帝疑之。遣濙頒御制諸書，並訪仙人張邋遢，遍行

天下州郡鄉邑，隱察建文帝安在。濙以故在外最久，至十四年乃還，所至亦間以民隱聞。母喪乞歸不許，擢禮部左侍郎。十七年復出巡江浙湖湘諸府，二十一年還朝。馳謁帝於宣府，帝已就寢，聞濙至，急起召入。濙悉以所聞對，漏下四鼓乃出。先濙未至，傳言建文帝蹈海去，帝分遣內臣鄭和數輩，浮海下西洋，至是疑始釋。」

鄭傳云：

「鄭和，雲南人，世所謂三保太監者也。初事燕王於藩邸，從起兵有功，累擢太監。成祖疑惠帝亡海外，欲蹤跡之，且欲耀兵異域，示中國富強。永樂三年六月，命和及其儕王景弘等，通使西洋。」

《惠帝本紀》云：

「……或云帝由地道出。正統五年，有僧自雲南至廣西，詭稱建文皇帝。思恩知府岑瑛，聞於朝。按問，乃鈞州人楊行祥，年已九十餘，

下獄閱四月死。同謀僧十二人，皆戍遼東。自後滇黔巴蜀間，相傳有帝為僧。」

觀此，則成祖致疑於惠帝之遁去，實有由來。遣胡濙訪張三丰必以內侍偕行，必遍歷荒徼，不言自明矣。成祖欲得建文，而陽托諸訪求神仙者，恐動搖人心耳。迨夫渙然疑釋，乃大營武當宮觀，遮蓋天下耳目。雖費百萬，亦無所惜，正是其狡獪處。唯當時以皇帝之尊，派遣大臣，奔走於州、郡、鄉、邑之間，棲棲皇皇，以求一道人，民間安得不色然相告語曰，仙人仙人；《毗陵見聞錄》載：「明胡忠端尚書，成祖朝，屢命訪張三丰真人，故吾鄉口號，有胡老尚書趕張邋遢之語。」可見彼時求建文之急，愚民無知，傳說附會者日多。明末以後，居然有人尊三丰為內家鼻祖，而形成今日之所謂武當派，張三丰誠幸運兒哉！

世有所謂《三丰全集》一書，編者汪夢九，自號圓通，清康雍間

人。重編者李西月，自號長乙，清道光間人。汪自云：親遇三丰，招其入道。又云：侍三丰日久，得悉三丰原本甚詳，為之紀傳。李雖未言遇三丰，然《雲水集》中，有三丰《初偕李長乙過蟠山小飲詩》，其誕妄不值一笑。但通觀全集，汪李之編此書，猶不外託名自傳，讀《無有先生傳》及其他詩文自明。乃今之博利者，拾汪李虛無縹緲之說，牽強湊合，冶《三丰全集》與太極拳術於一爐，名之曰《張三丰太極煉丹秘訣》，惑世欺人，可謂極矣！

嘗見清史館纂修陳微明所編《太極劍》。書中有照片一幀，其題眉為「丙寅四月初九日致柔拳社公祝張三丰祖師壽誕攝影。」按張三丰生日，見《三丰全集》清汪夢九所作《三丰本傳》，其偽託博名，已為識者齒冷。乃後於汪夢九三百年之人，生當科學昌明時代，復據汪說以惑世人。語曰：「國將興，聽於人；國將亡，聽於神。」竊願研究武術者

三復斯言！

## 五、張三丰與所謂內家拳法

清以前，技擊之術，無言內外家者。黃黎洲作《王征南墓誌銘》，始有少林為外家、武當為內家之說。其文云：

「少林以拳勇名天下，然主於搏人，人亦得以乘之。有所謂內家者，以靜制動，犯者應手即仆，故別少林為外家，蓋起於宋之張三丰。三手為武當丹士，徽宗召之，道梗不得進，夜夢元帝授之拳法，厥明以單丁殺賊百餘。三手之術，百年以後，流傳於陝西，而王宗為最著。溫州陳州同從王宗受之，以此教其鄉人，由是流傳於溫州。嘉靖間，張松溪為最著，松溪之徒三四人，而四明葉繼美近泉為之魁，由是流傳於四明。四明得近泉之傳者，為吳崑山、周雲泉、單思南、陳貞石、孫繼

槎，皆各有授受。崑山傳李天目、徐岱岳。天目傳余時仲、吳七郎、陳茂宏。雲泉傳盧紹岐。貞石傳董扶輿、夏枝溪。繼槎傳柴元明、桃石門、僧耳、僧尾。而思南之傳則為王征南。思南從征關白，歸老於家，以其術教授，然精微所在，亦深自秘惜，掩關而理，學子皆不得見。征南從樓上穴板窺之，得梗概。思南子不肖，思南自傷身後莫之經紀。征南聞之，以銀卮數器奉為美櫝之資。思南感其意，始盡以不傳者傳之。征南為人機警，得傳之後，絕不露圭角，非遇甚困則不發。嘗夜出偵事，為守兵所獲，反接廊柱，數十人轟飲守之。征南拾碎瓷偷割其縛，探懷中銀望空而擲，數十人方爭攫，征南遂免出，數十人追之皆踣地，匍匐不能起。行數里，迷道田間，守望者又以為賊也，聚眾圍之，征南所向，眾無不受傷者。歲暮獨行，遇營兵七八人，挽之負重，征南苦辭求免，不聽。征南至橋上，棄其負，營兵拔刀擬之，征南手格而營兵自

擲仆地，鏗然刀墜，如是者數人，最後取其刀投之井中，營兵索綆出刀，而征南之去遠矣。

凡搏人皆以其穴：死穴、暈穴、啞穴，一切如銅人圖法。有惡少侮之者，為征南所擊，其人數日不溺，踵門謝過，乃得如故。牧童竊學其法，以擊伴侶，立死。征南視之曰：『此暈穴也，不久當甦』，已而果然。征南任俠，嘗為人報仇，然激於不平而後為之。有與征南久故者，致金以仇其弟，征南毅然絕之曰：『此以禽獸待我也。』征南名來咸，姓王氏，征南其字也。自奉化來鄞，祖宗周，父宰元，母陳氏，世居城東之車橋，至征南而徙同嶴。少時隸盧海道若騰，海道較藝給糧，征南嘗兼數人，直詣行部，征南七矢破的，補臨山把總。錢忠介公建口，以中軍統營事，屢立戰功，授都督僉事副總兵官。事敗，猶與華兵部句致島人，藥書往復，兵部受禍，仇首未懸，征南終身菜食，以明此志，識

者哀之。征南罷事家居，慕其才藝者，以為貧必易致，營將皆通殷勤。而征南漠然不顧，鋤地擔糞，若不知其所長有易於求食者在也。一日遇其故人，故人與營將同居，方延松江教師，講習武藝。教師倨坐彈三弦，視征南麻巾縕袍若無有。故人為言征南善拳法，教師斜盼之曰：『若亦能此乎？』征南謝不敏。教師軒衣張眉曰：『亦可小試之乎？』征南固謝不敏。教師以其畏己也，強之愈力，征南不得已而應。教師被跌，請復之，再跌而流血被面，教師乃下拜，贄以二縑。

征南未嘗讀書，然與士大夫談論，則蘊藉可喜，了不見其為粗人也。予嘗與之入天童，僧山焰有膂力，四五人不能制其手，稍近征南，則蹶然負痛。征南曰：『今人以內家無可炫耀，於是以外家攙入之，此學行當衰矣！』因許敘其源流。忽忽九載，征南以哭子死，高辰四狀其行，求予誌之。生於某年丁巳三月五日。卒於某年己酉二月九日。年五

十三。娶孫氏。子二人。夢得前一月殤，次祖德，以某月日葬於同嶴之陽。銘曰：『有技如斯，而不一施；終不鬻技，其志可悲！水淺山老，孤墳孰保。視此銘章，庶幾有考。』」

言三丰為內家技擊之祖者，始於此文，然不足信也。夢中授拳，即以單丁殺賊百餘，其說荒誕，可以斷言其無，此其一。文係高辰四狀征南行，求黎洲為之，依樣葫蘆，即黎洲亦未遑考其出處，此其二。蓋黎洲抱亡國隱恨，未忘前朝，故其為文，時有流露。征南墓誌銘全文，寄託處在「終身菜食，以明此志，識者哀之」數語。文中書征南生於某年，卒於某年。而不書嘉靖康熙者，即可見黎洲之志。若欲據為史實，以三丰為內家之祖，竊未以為可。

黎洲季子百家，述征南拳法云：

「自外家至少林，其術精矣。張三丰既精於少林，復從而翻之，是

名內家。得其一二者，已足勝少林。王征南先生從學於單思南，而獨得其全。余少不習科舉業，喜事甚，聞先生名，因裹糧至寶幢學焉。先生亦自絕憐其技，授受甚難其人，亦樂得余而傳之（有五不可傳：心險者、好鬥者、狂酒者、輕露者、骨柔質鈍者），居室欹窄，習余於其旁之鐵佛寺。其拳法有應敵打法色名若干（長拳滾砍、分心十字、擺肘逼門、迎風鐵扇、異物投先、推肘捕陰、彎心杵肋、舜子投井、剪腕點節、紅霞貫日、烏雲掩月、猿猴獻果、綰肘裹靠、仙人照掌、彎弓大步、兌換抱月、左右揚鞭、鐵門閂、柳穿魚、滿肚疼、連枝箭、一提金、雙架筆、金剛跌、雙推窗、順牽羊、亂抽麻、燕抬腮、虎抱頭、四把腰等法），穴法若干（死穴、啞穴、暈穴、咳穴、膀胱、蝦蟆、猿跳、曲池、鎖喉、解頤、合各、內關、三里等諸穴），所禁犯病法若干（懶散、遲緩、歪斜、寒肩、老步、腆胸、直立、軟腿、脫肘、截拳、

扭臂、屈腰、開門捉影、雙手齊出），而其要則在乎練。練既熟，不必顧盼擬合，信手而應，縱橫前後，悉逢肯綮。其練法有練手者三十五（斫、削、科、磕、靠、擄、逼、抹、芟、敲、搖、擺、撒、鐮、攂、兜、搭、剪、分、挑、綰、衝、鉤、勒、耀、兌、換、括、起、倒、壓、發、插、削、鈞），練步者十八（墊步、後墊步、碾步、沖步、撒步、曲步、蹋步、斂步、坐馬步、釣馬步、連枝步、仙人步、分身步、翻身步、追步、逼步、斜步、絞花步），而總攝於六路與十段錦之中，有歌訣（其六路歌曰：「佑神通臂最為高，斗門深鎖轉英豪，仙人立起朝天勢，撒出抱月不相饒，揚鞭左右人難及，煞錘衝擄兩翅搖。」其十段錦曰：「立起坐山虎勢，迴身急步三追，架起雙刀斂步，滾斫進退三回，分身十字急三追，架刀斫歸營寨，紐拳碾步勢如初，滾斫退歸原路，入步韜在前進，滾斫歸初飛步，金雞獨立緊攀弓，坐馬四平兩

顧。」），顧其詞皆隱略難記，余因各為詮釋之，以備遺忘（詮六路曰：「斗門：左膊垂下，拳拳相對為斗門。右足踝前斜，靠左足踝後，名連枝步。右手以雙指從左拳鉤進復鉤出，名亂抽麻。右足亦隨右手向左足前鉤進復鉤出，作小蹋步還連枝。通臂：長拳也，右手先陰出長拳，左手伏乳，共四長拳，足連枝隨長拳，微搓挪左右，凡長拳要對直手背，向內向外者即病，中截法拳。仙人朝天勢：將左手長拳往右耳後向左前斫下，伏乳左，足搓左右，手往左耳後向右前斫下，鉤起閣左拳背，拗右拳正當鼻前，似朝天勢，右足跟劃進，當前橫向外，靠左足尖如丁字樣，是為仙人步。凡步俱蹲矬，直立者病法法禁。抱月：右足向右至後大撒步，左足隨轉右作坐馬步，兩拳平陰相對為抱月。復搓前手還斗門，足還連枝，仍四長拳，斂左右拳，緊叉當胸，陽面右外左內，兩掙夾脅。揚鞭：足搓轉向後，右足在前，左足在後，右足即前進追

步，右手陽發，陰膊直肘，平屈橫直如角尺樣，左手扯後伏脅，一斂轉面，左手亦陽發陰，左足進同上。煞錘：左手平陰屈橫，右手向後兜至左掌，右足隨右手齊進至左足後。衝擄：右手右後翻身直斫，右足隨轉向後，左足揭起，左拳衝下著左膝上為釣馬步，此專破少林摟地挖金磚等法者。右手擄左掙，左手即從右手內豎起，左足上前逼步，右足隨進後仍還連枝，兩手仍還斗門，兩手搖擺，兩足搓右作坐馬步，兩拳平陰著胸，先將右手掠開平直如翅，復收至胸，左手亦然。」詮十段錦曰：「坐山虎勢起斗門；連枝足搓，向右作坐馬，兩拳平陰著胸。急步三追：右手撒開轉身，左手出長拳同六路，但六路用連枝步，至搓轉方右足在前，仍回連枝步，而此用進退斂步，循環三進。雙刀斂步：左膊垂下，拳直豎當前，右手平屈向外，搓左足內，兩足緊斂步。滾斫進退三回：將前手抹下，後手斫進，如是者三進三退。凡斫法，上圓、中直、

下仍圓，如鉞斧樣。分身十字：兩手仍著胸，以左手撒開，左足隨左手出，右手出長拳，循環三拳，右手仍著胸，以右手撒開，左足轉面，左手出長拳，亦循環三拳。架斫歸營寨：右手復叉，左手內斫，法同前滾斫法，但轉面只三斫，用右手轉身。紐拳碾步：拳下垂，左手略出，右手下出上進，俱陰面，左足隨左手，右足隨右手搓挪，不轉面兩紐。滾斫退歸原路：左手翻身三斫退步。韜隨連進：左手平著胸，略撒開，平直右手，覆拳兜上，至左手腕中止，左足隨左手入，斂步翻身，右手亦平著胸同上。滾斫歸初飛步：右手斫，後右足搓挪。金雞獨立緊攀弓：右手復斫，左足搓轉，左拳自上至下，左足鈎馬進半步，右足隨還連枝，即六路拳銜鈎馬步。坐馬四平兩顧：即六路兩翅搖擺，還斗門轉坐馬搖擺。六路與十段錦多相同處，大約六路練骨，使之能緊，十段錦緊後又使之放開）。先生見之笑曰：『余以終身之習，往往猶費追憶，子

一何簡捷若是乎？雖然，子藝自此不精矣。』先生之所注意，獨喜自負，迥絕乎凡技之上者，則有盤斫（拳家唯斫最重。斫有四種：滾斫、柳葉斫、十字斫、雷斫。而先生另有盤斫，則能以斫破斫），此則先生熟久智生，劃焉心開，而獨創者也。方余之習拳於鐵佛寺也，琉璃慘淡，土木猙獰。余與先生演肄之餘，濁酒數杯，團圞繞步，候山月之方升，聽溪流之嗚咽。先生談古論今，意氣慷慨，因為余兼及槍刀劍鉞之法曰：『拳成，此外不難矣，某某處即槍法也，某某處即劍鉞法也。』以至卒伍之步伐，陣壘之規模，莫不淋漓傾倒曰：『我無傳人，我將盡授之子。』余時鼻端出火，興致方騰，慕睢陽伯紀之為人，謂天下事必非齷齪拘儒所任，必其能上馬殺敵，下馬勤王，始不負七尺於世。當是時，西南既靖，東南亦平，四海晏如，此真挽強二石，不若一丁之時！家大人見余跅弛放縱，恐遂流為年少狹邪之徒，將使學為科舉之文。而

余見家勢飄零，當此之時，技即成而何所用，亦遂自悔其所為。因降心抑志，一意夫經生業，擔簦負笈，問途於陳子夔獻、陳子介眉、范子國文、萬子季野、張子心友等。而諸君子適俱亦在甬南，先生入城時，嘗過余齋，談及武藝事，尤為余諄諄愷切曰：『拳不在多，唯在熟，練之純熟，即六路亦用之不窮。其中分陰陽，止十八法，而變出即有四十九。』又曰：『拳如絞花槌，左右中前後皆到，不可止顧一面。』又曰：『拳亦由博而歸約，由七十二跌（即長拳滾斫、分心十字等打法名色），二十五掌（即斫、削、科、磕、靠等），以至十八（即六路中十八法），由十八而十二（倒、換、搓、挪、滾、脫、牽、綰、跪、坐、撾、拿），由十二而總歸存心之五字（敬、緊、徑、勁、切）。故精於拳者，所記止有數字。』余時注意舉業，雖勉強聽受，非復昔日之興會，而先生亦且病貧交纏，心枯容悴而憊矣。今先生之死止七年，吾鄉

盜賊亦相蟻合，流離載道，白骨蔽野，此時得一桑懌，足以除之。而二三士子猶伊吾於城門晝閉之中，當事者命一二『守望相助』等題，以為平盜之政；士子摭拾一二『兵農合一』之語，以為經濟之才。龍門子秦士錄曰：『使弼在，必當有以自見。』言念先生，竟空槁三尺蒿下，寧不惜哉！嗟乎！先生不可作矣，念當日得先生之學，即豈敢謂遂有關於匡王定霸之略！然而一障一堡，或如范長生、樊雅等保護黨閭，自審諒庶幾焉。亦何至播徙海濱，擔簦四顧，望塵起而無遁所如今日乎！則昔以從學於先生而悔者，今又不覺甚悔夫前之悔矣，先生之術所授者唯余。余即負先生之知，則此術已為廣陵散矣，余寧忍哉！故特備著其委屑，庶後有好事者，或可因是而得之也。雖然，木牛流馬，諸葛書中之尺寸詳矣，三千年以來，能復用之者誰乎！」

陳微明《太極答問》，云太極拳可斷定是三手所傳無疑。其所舉理

由左：

「問：『太極拳果是張三丰所傳乎？』答：《寧波府志》載有拳術名目，雖未明言是太極拳，然其中與太極名目同者甚多。黃黎洲所作《王征南墓誌銘》，述三丰傳授源流甚詳，中間曾傳之寧波葉繼美，故《寧波府志》載之也。然則太極拳，自可斷定是三丰所傳無疑。」

按，《寧波府志》只有張松溪傳而無拳術名目，陳微明所見者，豈另有其書耶？王征南拳法，黎洲子百家曾述其名目，然與太極拳同者極鮮。茲錄陳著《太極拳術》名目於後；讀者一一對照自明。

「太極起式、攬雀尾、單鞭、提手、白鶴亮翅、摟膝拗步、手揮琵琶、左右摟膝拗步、手揮琵琶、進步搬攔錘、如封似閉、十字手、抱虎歸山、肘底看錘、左右倒輦猴、斜飛式、提手、白鶴亮翅、摟膝拗步、海底針、肩通臂、撇身錘、上步搬攔錘、攬雀尾、單鞭、左右雲手、單

鞭、高探馬、左右分腳、轉身蹬腳、左右摟膝拗步、進步栽錘、翻身白蛇吐信、上步搬攔錘、蹬腳、左右披身伏虎式、回身蹬腳、雙風貫耳、左蹬腳、轉身蹬腳、上步搬攔錘、如封似閉、十字手、抱虎歸山、斜單鞭、左右野馬分鬃、上步攬雀尾、單鞭、玉女穿梭、上步攬雀尾、單鞭、雲手、單鞭下勢、金雞獨立、倒輦猴、斜飛勢、提手、白鶴亮翅、摟膝拗步、海底針、扇通臂、撇身錘、上步搬攔錘、進步攬雀尾單鞭、雲手、單鞭、高探馬、十字腿、摟膝指襠錘、上勢攬雀尾、單鞭下勢、上步七星、退步跨虎、轉腳擺蓮彎弓射虎、上步搬攔錘、如封似閉、十字手、合太極。」

因三二名目之偶合，便謂某某所言，即是太極拳，未免忒要標榜！且黎洲所作《王征南墓誌銘》，絕未言其拳法之為太極拳，使張三丰果由一夢而精技擊，證以百家所述征南拳法，亦決不是太極拳之鼻祖，而

況其為誕妄乎。

曹秉仁《寧波府志・張松溪傳》云：

「張松溪，鄞人。善搏，師孫十三老。其法自言起於宋之張三丰。三丰為武當丹士，徽宗召之，道梗不前，夜夢元帝授之拳法，厥明以單丁殺賊百餘，遂以絕技名於世。由三丰而後，至嘉靖時，其法遂傳於四明，而松溪為最著。松溪為人，恂恂如儒者，遇人恭敬，身弱不勝衣，人求其術，輒遜謝避去。時少林僧以拳勇名天下，值倭亂，當事召僧擊倭。有僧七十輩，聞松溪名，至鄞求見，松溪蔽匿不出，少年慫恿之，試一往。見諸僧方校技酒樓上，忽失笑，僧知其松溪也，遂求試。松溪曰：『必欲試者，須召里正約死無所問』，許之。松溪袖手坐，一僧跳躍來蹴，松溪稍側身，舉手送之，其僧如飛丸隕空，墜重樓下幾斃，眾僧始駭服。嘗與諸少年入城，諸少年閉之月城中，羅拜曰：『今進退無

所，幸一試之。』松溪不得已，乃使諸少年舉圜石可數百斤者累之。謂曰：『吾七十老人，無所用試，供諸君一笑可乎？』舉左手側而劈之，三石皆分為兩，其奇異如此。松溪之徒三四人，葉近泉為之最。得近泉之傳者，為吳崑山、周云泉、單思南、陳貞石、孫繼槎，皆各有授受。崑山傳李天目、徐岱岳。天目傳余波仲、陳茂口、吳七郎。云泉傳盧紹歧。貞石傳夏枝溪、董扶輿。繼槎傳柴元明、姚石門、僧耳、僧尾。而思南之傳，則有王征南。征南名來咸，為人尚義，行誼修謹，不以所長炫人。蓋拳勇之術有二：一為外家，一為內家。外家則少林為盛，其法主於搏人，而跳踉奮躍，或失之疏，故往往得為人所乘。內家則松溪之傳為正，其法主於禦敵，非遇困危則不發，發則所當必靡，無隙可乘，故內家之術為尤善。其搏人必以其穴，有暈穴、有啞穴、有死穴，相其穴而輕重擊之，無毫髮爽者。其尤秘者，則有敬、緊、徑、勁、切五字

訣，非入室弟子，不以相授。蓋此五字不以為用而所以神其用，猶兵家之仁、信、智、勇、嚴云。」

《王征南墓誌銘》，黎洲作於康熙八年，其述三丰夢中習拳，單丁殺賊百餘事，著者已辨其非。《寧波府志》，纂於雍正年間，所述三丰事，當以《征南墓誌銘》為本。今之著述，又以《寧波府志》為本，不辨古人寄託之意，拾其一二語，便據為史實，可笑！

《北拳彙編》云：「三丰本少林大弟子。」此說想是本百家「張三手精於少林」一語而來。按中國釋老之分，嚴若鴻溝，豈有道人而為少林大弟子者乎？略有常識，已足辨之。

近人言太極拳術者，無不謂為三丰所發明，孫祿堂《太極拳學》云：

「元順帝時，張三丰先生修道於武當，見修丹之士，兼練拳術者，後天之力，用之過當，不能得其中和之氣，以致傷丹而損元氣。故遵前

二經之義，用周太極圖之形，取河洛之理，先後易之數，順其理之自然，作太極拳術，闡明養身之妙。此拳在假後天之形，不用後天之力，一動一靜，純任自然，不尚血氣，意在煉氣化神耳。其中本一理、二氣、三才、四象、五行、六合、七星、八卦、九宮等奧義，始於一，終於九，九又還於一之數也。一理者，即太極拳術起點腹內中和之氣，太極是也。二氣者，身體一動一靜之式，兩儀是也。三才者，頭手足，即上中下也。四象者，即前進後退，左顧右盼也。五行者，即進、退、顧、盼、定也。六合者，即精合其神，神合其氣，氣合其精，是內三合也；肩與胯合，肘與膝合，手與足合，是外三合也。內外如一，是成為六合。七星者，頭、手、肩、肘、胯、膝、足共七拳，是七星也。八卦者，掤、攌、擠、按、採、挒、肘、靠，即八卦也。九宮者，以八手加中定，是九宮也。先生以河圖洛書為之經，以八卦九宮為之緯，又以五

行為之體，以七星八卦為之用，創此太極拳術。」

孫之此說，與《少林拳術秘訣》述達摩見寺僧每當說法入座，即昏鈍不振，因而創練身法十八手事，可謂無獨有偶，同一杜撰可笑！

黎洲百家之所謂內家，可以決其非為太極拳。細讀百家所述征南拳法，當可知著者所斷非謬。按征南傳百家之拳，與所謂太極拳術者，不但練法絕異其趣，且所禁犯病法中之遲緩及雙手齊出，太極皆犯之。況黎洲百家，均未言內家即太極拳，乃今人喜抄襲其說，自鳴內家，不知內家之實，在彼而不在此。黎洲有言：「世之為釋氏者，莫不以承接源流為事，競張空虛，某祖某代，儼然自命。」斯語正堪為此輩寫照。

黎洲之言內家曰：「以靜制動。」近人之言內家曰：「以柔制剛。」其實以靜制動，以柔制剛，是技擊中之心法。凡習技者，皆應知之，且不僅剛柔動靜已也。搏擊之術，通乎兵法，變化萬端，豈徒限於

區區練法之形式。故能以技致用者，方是內家。若一發手而當者必靡，一舉腿而犯者即仆，則是內家中之高手，初不限於某拳某拳之為內家也。其習技而不能致用者，便是外家。以此衡量，少林不必皆是能手，況冒濫者多乎！武當則更空中樓閣矣。

閱三浯、趙榮《少林拳術大要》自敘，云武當寺所傳出者謂武當派。寺名亦出杜撰，作偽者抑何若是其甚也！

又《三手全集》載王漁洋之說云：

「拳勇之技，少林為外家，武當張三手為內家。三手之後有關中人王宗，宗傳溫州陳州同。州同，明嘉靖間人，故兩家之傳，盛於浙東，順治中，王來咸字征南，其最著者也。雨窗無事，讀《聊齋》李超始末，因識於後。」

又云：

「征南之徒，又有僧耳、僧尾者，皆僧也。」

按漁洋之說，大概亦本黎洲《王征南墓誌銘》，僧耳、僧尾皆孫繼槎徒，漁洋誤為征南之徒。

少林武當考終

# 跋

范生著是書，雖以一事之微，亦必窮其本源。就僕所知者，《辭源》載達摩於大通元年東來，范生輾轉函詢陸爾奎先生，獲復，知其本《傳燈錄》普通八年之說，乃已。又裴漼碑未載《金石錄》，得顧少連《廚庫記》證合，始以為安，其探討之勤如是。不特此也，張邋遢以一夢而精技擊，則闢其非；《易筋經》有採補邪說，則證其偽。僕始專形意，繼習太極，達摩、三丰，見諸譜說，今讀此作，因悉其妄。世以少林武當自封者，宜知所自勉矣。校畢，書此為跋。

定興朱國福一九，五，二〇

太極拳與內家拳
范生自署

# 自序

朋好中有見此書稿本的，問吾，你緣何要作此書？你是否不滿於太極拳？

吾答覆這位朋友說：吾作此書，其主要目的，在闢太極拳之妖妄。至於吾對太極拳本身的疑問，雖有幾條，因為尚有待於研究，所以書中均抱存疑的態度，現在不妨把我懷疑的幾點，在序文中略說一說。

運動的最高要求，在達到身體內外的健康，外部的肌肉，無論其為大為小，都要使之均衡地發達，才算獲得體育上美滿的效果，這話是不可否認的。據有一位學者的誇獎，太極拳的動作是：「最合於生理上之

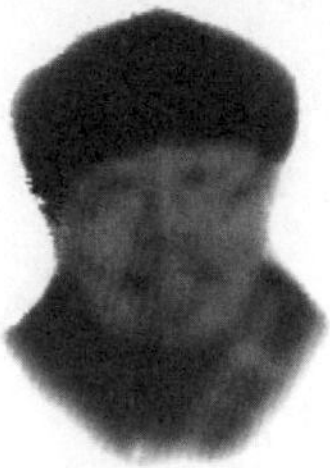

程序，能使身體平均發達」的體育。這位學者的話，是否有稱譽過當的地方，在運動生理上是一個應該精密討論的問題。

內部呼吸器官的運動，是應該張胸，而不應該含胸的，這也是運動生理學上不可否認的話。

一般太極拳家，卻教人含胸呼吸，而不許人挺胸，這種呼吸運動的價值如何？吾以為是一個應該精密測驗的問題。

以上二者，書中雖略有論列，但是吾願意留給深明運動生理和體力測驗學而兼精武術的體育專家，用科學的方法來分析實驗，然後再去下最後的論斷。

近年來中國的學術界，因為新時代的開展，均有往前奮進的趨向，實驗考察，已逐漸受人重視，分析研究，也具有一定的準繩。獨獨過去以及現在的武術界，重重故障，包圍得鐵桶一般，名山不朽的事業，充

滿了神怪的宣傳；而追求黃金的書賈們，又復乘時投機，助長妖妄，麻醉人心，流毒社會，其害甚於洪水猛獸！所以吾作此書，不重在評論太極拳效用方面的價值，而重在打倒欺世惑衆的邪說。

中國處於帝國主義者重重壓迫之下的今日，必須將一切學術，用在能夠使民族生存這一個信條之上，共同苦力奮鬥，才能抬起頭來。

如其我們提倡迷信，阻礙武術的創造和進化，那都是武術界的罪人，中國民族的大敵。

吾相信本書是推進武術於創造進化這條路上的必要工作。

唐范生 一九・一〇・一〇

# 太極拳與內家拳　目錄

層累地編造之張三丰歷史。

張三丰以一夢而精技擊。

## 一、太極拳之史的研究

近人著作，每言太極拳為張三丰所創。若用顧頡剛治古史之法，追溯其本源，則張三丰之歷史，完全出於層累地編造而成。今取古今各家所言，按其年代之先後，排比而探索之，一望即知其為假託附會。

三丰能武之說，最早見於康熙八年黃黎洲所作《王征南墓誌銘》，其所述如下：

少林以拳勇名天下，然主於搏人，人亦得以乘之；有所謂內家者，以靜制動，犯者應手即仆，故別少林為外家，蓋起於宋之張三丰。三丰為武當丹士，徽宗召之，道梗不得進，夜夢元帝授之拳法，厥明，以單丁殺賊百餘。

三丰由一夢而精技擊，自清初黃黎洲，而《寧波府志》，而近人陳張三丰忽而兼精少林。

張道人變爲少林大弟子。

微明、姚馥春、姜容樵輩，皆依聲學舌，絕無異辭。其由後來編造者，約而舉之於次：

康熙十五年，黎洲子百家，於其所著《內家拳法》中云：

「自外家至少林，其術精矣；張三丰即精於少林，復從而翻之，是名內家。」

陸師通於其民國六年出版之《北拳彙編》中云：

「三丰本少林大弟子。」

於是張三丰由內家之祖，層累地編造為兼精少林，由兼精少林，而為少林大弟子。按中國釋老之分，嚴若鴻溝，道人而為佛門弟子，附會其說者，蓋亦不思之甚矣。

民國十三年出版之《太極拳學》，及十六年出版之《太極劍》附錄中，各有一段張三丰發明太極拳之歷史。

兩段不同之發明太極拳史。

《太極拳學》所述者如左：

「元順帝時，張三丰先生修道於武當，見修丹之士，兼練拳術者，後天之力，用之過當，不能得其中和之氣，以致傷丹而損元，故遵前二經（《易筋》、《洗髓》二經）之義，用周太極圖之形，取河洛之理，先後易之數，順其理之自然，作太極拳。」

《太極劍》附錄中所述者如左：

「太極拳為武當嫡派，乃張三丰祖師因觀鵲蛇之鬥，忽有會心，發明此拳。蓋恐修道之士，靜坐功深，血脈有凝滯之患，山行野宿，突然有野獸之厄，是以因觀鵲蛇之鬥智，仿禽獸之飛躍，法天地自然之理，參太極陰陽之秘，創此太極拳，以傳修道之士。」

以上兩說，一謂三豐遵《易筋》、《洗髓》二經之義，用周太極圖之形，取河洛之理，先後易之數，而作太極拳，當是根據黃百家「張三

張三丰忽又擅形意拳。

丰既精於少林，復從而翻之，是名內家」之語，變造而來。蓋《易筋》、《洗髓》二經，世人偽託為達摩所作也。一謂三丰因觀鵲蛇之鬥智，仿禽獸之飛躍，法天地自然之理，參太極陰陽之秘，而創太極拳，則尤進一步而為變造之變造矣。

時代相同之書，所述尚如是，遠在清初之人，而述一或宋或元或明之張三丰，安望其來歷之不謬乎？況黎洲於《王征南墓誌銘》中，絕未言三丰之拳，即為太極。百家於所著《內家拳法》中，明言為六路，十段錦是內家拳，假託附會者，亦可以休矣。

民國十九年出版之《形意五行拳圖說》，又為張道人平添一段前人所未言之歷史：

「北宋時，有張三丰者，隱武當為黃冠，究心達摩之術若干年，得其玄奧，乃盡棄少林之成法，而一以練氣為主，有從者，即授以形意

張三丰被稱爲仙之由。

拳，以為練習之初步。成效既著，學者逢起，世人遂名之曰內家，而稱少林為外家，而形意一拳，至是亦專為內家所專有矣。」

此亦由黃百家之說脫換變造而來，其獨異於眾者，將形意拳附益於三丰耳。

三丰以一夢而精技擊，次日即單身殺賊百餘，其說荒唐，安可信乎？其附會三丰所傳者，即為太極拳，尚有二點，足以證明其非，當於本書第二、第三兩章專論之。

## 二、明史中之張三丰

張三丰之所以被稱為仙人者，實成祖隱訪建文帝時所編造，將明史《胡濙傳》、《鄭和傳》以及《方伎傳》所記張三丰事蹟，合而讀之，當知吾言為不易之論。

成祖分遣胡濙、鄭和等隱察建文帝蹤跡。

胡傳云：

「胡濙字源潔，武進人，生而髮白，彌月乃黑。建文二年，舉進士，授兵科給事中。永樂元年，遷戶部都給事中。」

惠帝之崩於火，或言遁去，諸舊臣多從者，帝疑之。遣濙頒御製諸書，並訪仙人張邋遢，遍行天下州郡鄉邑，隱察建文帝安在。

濙以故在外最久，至十四年乃還，所至亦間以民隱聞。母喪乞歸，不許，擢禮部左侍郎。十七年復出巡江、浙、湖、湘諸府，二十一年還朝，馳謁帝於宣府。帝已就寢，聞濙至，急起召入，濙悉以所聞對，漏下四鼓乃出。先濙未至，傳言建文帝蹈海去，帝分遣內臣鄭和數輩，浮海下西洋，至是疑始釋。

鄭傳云：

「鄭和，雲南人，世所謂三保太監者也。初事燕王於藩邸，從起兵

胡濙偕內侍訪求張三丰之史筆一。

有功，累擢太監。成祖疑惠帝亡海外，欲蹤跡之，且欲耀兵異域，示中國富強，永樂三年六月，命和及其儕王景弘等，通使西洋。」

《方伎傳》記張三丰事蹟云：

「張三丰遼東懿州人，名全一，一名君寶，三丰其號也。以其不修邊幅，又號張邋遢。頎而偉，龜形鶴背，大耳圓目，鬚髯如戟。寒暑惟一衲一蓑，所啖升斗輒盡，或數日一食，或數月不食。書經目不忘，遊處無恒，或云一日千里。善嬉諧，旁若無人，嘗遊武當諸巖壑，語人曰：『此山異日必大興。』時五龍、南巖、紫霄俱毀於兵，三丰與其徒去荊榛瓦礫，創草廬居之，已而舍去。太祖故聞其名，洪武二十四年，遣使覓之，不得。後居寶雞之金台觀，一日，自言當死，留頌而逝，縣人共棺殮之。及葬，聞棺內有聲，啟視則復活。乃遊四川，見蜀獻王。復入武當，歷襄漢，蹤跡益奇幻。永樂中，成祖遣給事中胡濙，偕內侍

張三丰事跡皆不可考之史筆二。



朱祥，齊璽書香幣往訪，遍歷荒徼，積年不遇。乃命工部侍郎郭璡、隆平侯張信等，督丁夫三十餘萬人，大營武當宮觀，費以百萬計；既成，賜名太和太岳山，設官鑄印以守，竟符三丰言。或言三丰金時人，元初與劉秉忠同師，後學道於鹿邑之太清宮，然皆不可考。

天順三年，英宗賜誥，贈為通微顯化眞人，終莫測其存亡也。」

讀此，然後知成祖之訪求張三丰，實與隱察建文帝一事，相為表裏。否則求一道人，何以必內侍偕行？何以必遍歷荒徼？其故不言自明。蓋成祖深懼夫建文帝猶在人間，陽託諸訪求神仙者，深恐動搖人心耳。迨夫渙然疑釋，乃大營武當宮觀，遮蓋天下耳目，雖費百萬，亦無所惜；當時之庸夫俗子，信為真有神仙，受其狡弄，已是可笑。不謂今之著作家，其思想亦與三百年前之庸俗相等，是誠可憐極矣。

觀《惠帝本紀》胡傳、陳傳以及《方伎傳》所述三丰事蹟，未以

內家拳之歌訣。

「然皆不可考」、「終莫測其存亡也」結之，微言大義，躍然紙上，後世猶信三手之果為神仙，甚至內家拳、太極拳爭奉之為鼻祖，安得不令人羨為幸運兒哉。

## 三、太極拳非王征南內家拳之證

試取內家拳六路、十段錦之歌訣、打法、練法，與太極拳之歌訣、打法、練法，一一對比，便可曉然於太極拳之非為內家拳矣。

六路歌訣云：

佑神通臂最為高，斗門深鎖轉英豪，仙人立起朝天勢，撒出抱月不相饒，揚鞭左右人難及，煞鎚衝擄兩翅搖。

十段錦歌訣云：

立起坐山虎勢，迴身急步三追，架起雙刀斂步，滾斫進退三回，分

內家拳之打法。

太極拳之打法。

身十字急三追，架刀斫歸營寨，紐拳碾步勢如初，滾斫退歸原路，入步韜在前進，滾斫歸初飛步，金雞獨立緊攀弓，坐馬四平兩顧。

太極拳歌訣，詳載本書第六章，讀者試取而對比之，其間亦有半句相同否？若更以後列打法、練法相證合，益知吾之論斷為不謬。

內家拳之打法如左：

長拳滾斫，分心十字，擺肘逼門，迎風鐵扇，異物投先，推肘捕陰，彎心杵肋，舜子投井，剪腕點節，紅霞貫日，烏雲掩月，猿猴獻果，綰肘裹靠，仙人照掌，彎弓大步，兌換抱月，左右揚鞭，鐵門閂，柳穿魚，滿肚痛，連枝箭，一提金，雙筆架，金剛跌，雙推窗，順牽羊，亂抽麻，燕抬腮，虎抱頭，四把腰等。

太極拳打法如左：

掤、擺、擠、按、採、挒、肘、靠、披、閃、擔、搓、歉、黏、

內家拳之練法。

楊派太極拳之練法。

隨、拘、拿、扳、軟、棚、摟、摧、掩、撮、墜、續、擠、攤。

內家拳練手法三十有五，如左：

斫、削、科、磕、靠、擄、逼、抹、芟、敲、搖、擺、撒、鐮、攛、兜、搭、剪、分、挑、綰、衝、鉤、勒、耀、兌、換、括、起、倒、壓、發、插、削、釣。

練步十有八，如左：

墊步、後瓷步、碾步、沖步、撒步、曲步、蹋步、斂步、坐馬步、釣馬步、連枝步、仙人步、分身步、翻身步、追步、逼步、斜步、絞花步。

太極拳練法，據楊（露禪）派所傳如左：

太極起式，攬雀尾，單鞭，提手，白鶴亮翅，摟膝拗步，手揮琵琶，左右摟膝拗步，手揮琵琶，進步搬攔錘，如封似閉，十字手，抱虎歸山，肘底看錘，左右倒輦猴，斜飛式，提手，白鶴亮翅，摟膝拗步，

楊派太極長拳之練法。

海底針，扇通臂，撇身錘，上步搬攔錘，攬雀尾，單鞭，左右抎手，單鞭，高探馬，左右分腳，轉身蹬腳，左右摟膝抝步，進步栽錘，翻身白蛇吐信，上步搬攔錘，蹬腳，左右披身伏虎式，回身蹬腳，雙風貫耳，左蹬腳，轉身蹬腳，上步搬攔錘，如封似閉，十字手，抱虎歸山，斜單鞭，左右野馬分鬃，上步攬雀尾，單鞭，玉女穿梭，上步攬雀尾，單鞭，抎手，單鞭下勢，金雞獨立，倒輦猴，斜飛勢，提手，白鶴亮翅，摟膝抝步，海底針，扇通臂，撇身錘，上步搬攔錘，進步攬雀尾，單鞭，抎手，單鞭，高探馬，十字腿。摟膝指襠錘，上勢攬雀尾，單鞭下勢，上步七星，退步跨虎，轉腳擺蓮，彎弓射虎，上步搬攔錘，如封似閉，十字手，合太極。

又太極長拳練法如左：

攬雀尾，抎手，摟膝抝步，琵琶式，進步搬攔錘，播箕式，十字

孫派太極拳之練法。

手，抱虎歸山，單鞭，提手，肘下錘，摟膝打錘，轉身蹬腳，進步指襠錘，野馬分鬃，進步攬雀尾，單鞭，玉女穿梭，攬雀尾，轉身野馬分鬃，轉身單鞭下式，金雞獨立，倒輦猴頭，斜飛式，提手，白鶴亮翅，摟膝拗步，海底珍珠，扇通臂，撇身錘，上步搬攔錘，進步攬雀尾，單鞭，抎手，單鞭，高探馬，左右蹬腳，轉身蹬腳，左右摟膝，雙叉手，轉身踢腳，左打虎式，雙風貫耳，左蹬腳，轉身蹬腳，上步搬攔錘，上步攬雀尾，高探馬，十字腿，上步攬雀尾，單鞭下勢，上步七星，下步跨虎，轉身擺蓮，彎弓射雁，上步搬攔錘，播箕式，十字手，合太極。

孫（祿堂）所傳太極拳練法如左：

無極，太極，懶紮衣，開手，合手，單鞭，提手上式，白鶴亮翅，開手，合手，摟膝拗步，手揮琵琶式，進步搬攔錘，如封似閉，抱虎推山，開手，合手，摟膝拗步，手揮琵琶式，懶紮衣，開手，合手，單

吳派太極拳之練法。

鞭，肘下看錘，倒輦猴左式，又右式，手揮琵琶式，白鵝亮翅，開手，合手，摟膝拗步，手揮琵琶式，三通背，開手，合手，單鞭，雲手，高探馬，右起腳，左起腳，轉身踢腳，踐步打錘，翻身二起，披身伏虎式，左踢腳，右蹬腳，上步搬攔錘，如封似閉，抱虎推山，右轉開手，合手，摟膝拗步，手揮琵琶式，懶紮衣，開手，合手，斜單鞭，野馬分鬃，開手，合手，單鞭，右通背掌，玉女穿梭，手揮琵琶式，懶紮衣，開手，合手，單鞭，雲手，雲手下勢，更雞獨立，倒輦猴，手揮琵琶式，白鵝亮翅，開手，合手，單鞭，雲手，高探馬，十字擺蓮，進步指襠錘，退步懶紮衣，開手，合手，單鞭，單鞭下勢，上步七星，下步跨虎，轉角擺蓮，彎弓射虎，雙撞錘，陰陽混一，無極還原。

吳（鑒泉）派所傳太極拳練法如左：

太極，太極起式，攬雀尾一，又二，又三，單鞭，提手上勢一，又

二，白鶴亮翅一，又二，左摟膝拗步，又右，手揮琵琶進步或卸步，搬攔捶一，又二，如封似閉，抱虎歸山，斜單鞭，肘底看捶，倒輦猴一，又二，斜飛勢，海底針，扇通背，撇身捶，雲手一，又二，左高探馬，右分腳，右高探馬，左分腳，轉身蹬腳一，又二，進步栽捶，翻身二起腳一，又二，雙峰貫耳一，又二，左野馬分鬃一，又二，右野馬分鬃一，又二，左玉女穿梭，又右，下勢，金雞獨立，迎面掌，十字擺蓮，摟膝指襠捶，上步七星，退步跨虎，轉腳擺蓮，彎弓射虎。

以上所舉內家拳法，與太極拳之打法、色名、練法，大相徑庭，謂太極拳即內家拳法，可乎？陳微明在《太極答問》中，猶欲牽強附會，史館編修，固若是者歟？

王征南內家拳之源流。

## 四、太極拳源流承接之附會

太極拳著述中，常有一篇類如商店式之流水賬，將其師徒相承之根源，一一開明，其不可得而考者，亦必托為某某所傳，茲抉發其附會之所自，使天下後世，知作偽者之終不可掩。

《王征南墓誌銘》云：

「三丰之術，百年以後，流傳於陝西，而王宗為最著。溫州陳州同，從王宗受之，以此教其鄉人，由是流傳於溫州，嘉靖間，張松溪為最著。松溪之徒三四人，而四明葉繼美近泉為之魁，由是流傳於四明。四明得近泉之傳者，為吳崑山、周雲泉、單思南、陳貞石、孫繼槎，皆各有授受。崑山傳李天目、徐岱岳。天目傳余時仲、吳七郎、陳茂宏。雲泉傳盧紹岐。貞石傳董扶輿、夏枝溪。繼槎傳柴元明、姚石門、僧

王宗岳之附會。
甘鳳池之附會。

耳、僧尾。而思南之傳，則為王征南。」

《寧波府志・張松溪傳》云：

「張松溪，鄞人。善搏。師孫十三老。」

以上為內家拳法授受之源流。僧耳、僧尾皆孫繼槎徒，王漁洋誤為征南之徒弟，此或徵引黎洲之文，不經心而出此者。

民國十四年出版之《太極拳術》云：

「思南傳王來咸征南。……至清，傳山右王宗岳。」

自是著《太極拳經》之王宗岳，憑空一牽而為內家拳之門徒矣。此三百年前之王征南夢想所不及也。

民國十九年出版之《太極拳講義》，又為甘鳳池執門弟子禮，拜王征南為老師，其事可謂甚趣。

《太極拳講義》所云如次：

競張空虛之太極拳南北派。

「思南傳王征南，再傳甘鳳池，清初傳山右王宗岳。」

此說蓋自近人許禹生《太極拳術源流考》中脫換而來。

許說云：

「張三豐所傳者，曰武當派，又名內家拳；傳於張松溪、張翠山，曰太極十三式。其後分為二派，張松溪、葉近泉、王征南、甘鳳池等為南派；王宗岳、蔣發、陳長興為北派。」

甘鳳池名在王征南下，《太極拳講義》，即牽為征南弟子，甚矣！今人之好承接源流。許以張松溪、葉近泉、王征南等皆為南人，遂臆造一南派；又將張翠山、甘鳳池二人，憑空牽入，此則中競張空虛之毒也。其實征南之內家拳，所授者惟黃百家一人，其後即無傳授，絕不容後世之以某祖某代，儼然自命。」

百家於其所著《內家拳法》之末云：

黎洲於王征南墓誌銘中之民族思想。

「……先生之術，所授者唯余，余既負先生之知，則此術已為廣陵散矣，余寧忍哉？故特備著其委屑，庶後有好事者，或可因是而得也。雖然，木牛流馬，諸葛書中之尺寸詳矣，三千年來能復用之者誰乎？」

## 五、近人武術著作中渲染之張三丰

黎洲之《王征南墓誌銘》，百家之《內家拳法》，皆屬別有寄託，其文中可得而見者，如云：

「錢忠介公建□，以中軍統營事，屢立戰功，授都督僉事副總兵官；事敗，猶與華兵部向致島人，藥書往復，兵部受禍，仇首未懸，征南終身菜食，以明此志，識者哀之。征南罷事家居，慕其才藝者，以為貧必易致，營將皆通殷勤，而征南漠然不顧，鋤地擔糞，若不知其所長有易於求食者也。」

百家於內家拳法中之民族思想。

黎洲之述征南，不啻為自身寫照。葉紉庵慫恿之不出，終老於著述，以抒寫其亡國之隱恨，墓誌銘中書「征南生於某年，卒於某年」，而不書萬曆康熙者，即可見此老之志。

百家《內家拳法》中，流露故國之思者，如云：

「余時鼻端出火，輿致方騰，慕睢陽伯紀之為人，謂天下事，必非齷齪拘儒所任，必其能上馬殺賊，下馬勤王，始不負七尺於世。當是時，西南既靖，東南亦平，四海宴如，此眞挽強二石，不若一丁之時。……而余見家勢飄零，當此之時，技即成而何所用？亦遂自悔其所為，因降心一志，一意夫經生業。」

上文中可以見百家從征南學，原期反清勢力之伸張，以圖參加；其後魯王失敗，依鄭成功於臺灣，百家鑒於大勢之已去，不得已而改習舉子業；乃後世腐儒，不知其寄託之所在，刺取其一二語，假託附會於太

極拳，是亦可以已矣。且《王征南墓誌銘》，涉及三丰之處苟屬信而有徵，則百家被聘修《明史》，胡不以之入《方伎傳・三丰》事蹟中乎？此不待智者辨而自明者也。

雍正初，有所謂圓通道人汪錫齡者，自云官劍南時，親遇三丰，招其入道。並謂侍三丰日久，得悉三丰原本甚詳，在其所編《三丰全集》一書中，記顯跡三十餘則，荒誕不經，更甚於一夢即精技擊之說。

清史館編修陳微明，及自稱劍仙弟子之姜容樵輩，均於其太極拳著述中，引據為史料；如謂：教沈萬山以點石成金之術，居寶雞金台觀時死而復活等等妖妄之談。尤可笑者，《太極拳講義》中，竟將張三丰牽為黃黎洲、顧亭林一流人物，謂其抱種族革命思想，未免渲染太過矣。

《太極拳講義》言張三丰抱種族革命思想者凡二見，錄之於下。

「胡元立國，眞人鑒於漢族凌夷，衷有所感，遂埋名隱終南山。

三丰抱民族思想之編造。

至正丙午九月，自言辭世，留偈而逝；士民楊軌山，購棺殮葬，臨窆復活，宣言觀我漢族恢復河山。」

在極荒唐之《三丰全集》中，販來欺人者，乃未將三丰全集仔細閱看，以致附會不得，反成笑柄。

《三丰全集‧圓嶠外史》云：

「至元間，以宰官致仕，洪武初年，太祖屢詔不出，蓋其托仙遠遁，以全仕元之節者也。故嘗自稱大元遺老。又嘗自贊曰大元逸民。君子深慨其神仙名重，遂至掩其孤忠耳。」

《三丰全集》，係汪錫齡、李西月輩偽託博名之作，讀其集中詩文，便可自明。今之太極拳家，著書立說，引其妖妄之言，愚惑庸俗，余謂此輩直國家社會之罪人，豈足與言提倡武術！

楊露禪能騰空而行。

## 六、太極拳家妖妄之逸事

陳微明所著《太極劍》，末附太極拳名人逸聞數節，其間妖妄惑人者，莫如楊露禪之踏雪無痕，與李賓甫所遇少年二事。

其述楊露禪踏雪無痕事云：

「富二爺又曰：『吾露禪師祖，喜吾勤謹，吾嘗在旁伺候，為裝旱烟。年六十餘，尚練功夫不息。偶至吾家坐談，一日天雨，泥濘載道，師祖忽至，所著雙履，粉底尚潔白如新，無點汙，此即踏雪無痕之功夫也。蓋太極清靈，能將全身提起，練到極處，實能騰空而行。班侯亦有此功夫，知者極少，吾曾親見一次。』」

以上所言，惟恐其說之不足惑人，故以親見班侯有此功夫實之；智識淺薄者，受其所欺，即在此種地方。惜陳微明所舉者，皆是墓木已拱

少年能使几椅懸空。

何以解於牛頓地心引力之說。

之人，又安從證之於地下乎？

其述李賓甫所遇少年事云：

「露禪之弟子王蘭亭，功夫極深，惜其早死。有李賓甫者，聞係從蘭亭學，藝亦甚高，訪之者極衆，而未嘗負於人。一日，有少年來訪，口操南音，手離几椅寸許，揚其手，几椅隨之騰起，懸於空中，賓甫見之駭然。少年欲與比試，賓甫遜謝不獲，少年遽進，時賓甫左手抱一小狗，僅右手與之招架，數轉之後，少年已跌於地，乃痛哭而去。」

楊露禪之能騰空而行，與少年之使几椅懸空，其何以解於牛頓之地心引力乎？苟非妖言惑眾，吾原一實驗之。

## 七、太極拳理論之批評與質疑

王宗岳《太極拳經》，屢言氣斂入骨之法，如謂「氣貼背後，斂入

太極拳經斂氣入骨之妄。

太極拳家井蛙之見。

脊骨」；「以心行氣，務令沉著，乃能收斂入骨」等反科學之語，稍具生理常識，已了其妄。然王非科學昌明時代人物，發為斯言，猶得邀後人之諒，乃今之號稱太極拳專家者，拾其牙慧，以獨得秘諦，欺愚庸俗，戕賊國民思想，其罪莫大焉。

舊鈔本《太極拳經》，近有好事者，為之箋釋，舉其一二，以見所謂張三手嫡傳弟子之頭腦。

如云：

「國術中名稱極多，雖各有派別，然皆不外以強有力而欺弱，以手快勝手慢；凡有力者打無力，手快者勝手慢，如遇其力大我十倍者，則我之立於敗地，又立判矣。是皆各人先天自然之本能，並非由道理中所學而得者也。練太極達到至虛，其神妙能以四兩氣力撥動千斤，年登大耄之人，能禦多數之敵，由斯觀之，絕非有力與快可勝也。」

武藝高下不爲門派所限。

此種論調，直是井蛙之見。四兩撥千斤之說，為武術教師口頭上之通常理論，豈得謂為太極拳獨擅之妙。觀箋釋語氣，一若除太極拳以外，別無他拳當得神妙之稱，武術界門派之見，幾如水火之不相容，此類言論，應負其責也。況太極拳果真為人間少有之技，彼純功數十年之老前輩，何以三次比賽，未見其一顯身手乎？

若曰中國之懷抱絕技者，以晦藏為美德，不肯輕易示人，此皆江湖愚人之套語，明眼人絕不為此種飾詞所欺也。不佞非以此薄太極拳，據不佞閱歷所得，武藝之高下，初不為門派所限，而別有其條件所在，試舉一例，以明吾說。

不佞目驗中央國術館之武術比賽者屢，每睹館員個人演習，有如生龍活虎，及至臨場校藝，呆若木雞者有之。亦有個人演習，技術看似平常，臨敵反能制勝者有之。執一柔以自負者，有時敗於剛。執一剛以自

較重身手之種種條件。

負者，有時敗於柔。平日技擊十分純熟，臨場舉動失措者有之。豐偉充實，而敗於短小精悍者有之。

夙以氣功自許，一經進退馳驟，氣喘吁吁而退者有之。一二十年功夫，敗於一二年功夫者有之。此派勝彼派，彼派勝此派，更為日常所習見，由斯以觀，較量身手，豈可執一以為是哉。

不佞以為決勝有種種條件，約而言之，有力無膽者不尚。有力有膽矣，而眼不明，手不快者不尚。膽與力，明與快，兼而有之矣，不知虛實變幻者不尚，知虛實變幻矣，技巧不足以符之不尚。技巧足以相符，不知勞逸之數、動靜之機者不尚。他若恃其能而輕敵，有力而不能持久等等，皆為疵累。

以上僅就治技者本身言也。此外若光線之向背，地勢之高下，均足以影響於勝負，故門派儘管不同，必備種種條件，然後方足與言臨敵。

以《易經》爲武術理論之質疑。

太極拳之理論，主柔而不主剛柔之互相為用，是知二五而不知一十也。苟疑吾說，可使若干太極專家，與若干他派拳家，公開比賽，其結果習太極拳者不必勝，習他拳者不必負，可斷言也。

又見近人以《易經》為武術理論者，牽強附會，不知所云，略舉數點，以質創是論者。

如謂：

「七星者，頭手肩肘胯膝足，共七拳，是七星也。」

試問七星是哪幾星？頭手肩肘胯膝足，各表何星？表頭之某星、與表手肩肘胯膝足之某星，據何義理？

如謂：

「八卦者，掤攦擠按採挒肘靠，即八卦也。」

試問八字之中，表某卦者何字？依何義理？

以艱深之詞文淺易之說欺世。



如謂：

「……若在拳中，則頭為乾，腹為坤，腎為坎，心為離，尾閭第一節至第七節大椎為巽，項上大椎為艮，腹左為震，腹右為兌，此身體八卦之名也。」

頭為乾，取其在上，腹為坤，取其在下，猶得牽強附會，試問何以必尾閭第一節至第七節大椎為巽？項上大椎為艮？腹何以左震而右兌？

如謂：

「兩手兩足，共二十指也，以手足四拇指皆是兩節，共合八節，其餘十六指，每指皆三節，共合四十八節，加胳膊兩腿八節，與四大拇指八節，共合六十四節，合六十四卦也。」

試問六十四節，各表何卦？憑何義理，而某節表某卦？

如謂：

太極拳家不能道其所以然之吐納。

「三才者，頭手足，即上中下也。」

此不過說明頭在上，手在中，足在下之部位而已。著者自稱為奧義，昔人云：「以艱深之詞，文淺易之說」，是亦欺世惑人之妙技也。

## 八、太極拳之呼吸

練太極拳者，每引道家吐納之言，但問其所吐者何？所納者何？則瞠目結舌，其能舉以相答者，僅吐故納新而已。故為何？新為何？則鮮有能答是問者。

生理學之言曰：我人日常所吸者為氧氣，所呼者為碳氣。氧氣即道家不能言其所以然之新；碳氣即道家不能言其所以然之故。

氧氣一入肺氣泡，即透過其薄衣，又透過毛細管壁，而入血，運行周身；體中之各組織，將氧氣吸盡，於是氧氣與組織化合之碳氣，透過

呼吸與碳養二氣。

注重呼吸不僅太極拳爲然。

日常的呼吸與體育的呼吸。

毛細管壁，而入血，運行至肺部之毛細管壁，又透過肺氣泡之薄衣，由氣管呼出；如此一呼一吸之間，便將極毒而有害於身體之碳氣排出，細胞賴以生長，體溫賴以發生之氧氣攝入。

因此，呼吸在各種運動上，均居於極重要之地位，不僅太極拳為然，他派拳術亦每言「內練一口氣，外練筋骨皮」之語也。

體育家每區別人之呼吸，為日常的呼吸，與體育的呼吸。日常呼吸，只要非肩息而為胸呼吸，便是正常狀態。體育的呼吸，則與日常呼吸不同，係專指深呼吸而言。

深呼吸之形式，歐美各國之體育，吸氣時須將肺與胸腔展大，使膈肌下降。呼氣時，將肺與胸腔縮小，使膈肌上升，以運動內臟，使之健康，但太極之深呼吸則不然，主張胸須內含。

此兩法對於促進呼吸器官之效能，孰優孰劣，非今日空言所能爭

炸肺之妄論。

民族盛衰前途之隱憂。

論，必須集若干專事張胸呼吸之武術家，與專事含胸呼吸之武術家，行極精密之科學測驗，方能加以定論。

太極拳家，謂挺胸能使肺炸，此則妄論。歐美先進國之國民，其體格較我為強，此公認之事實也。彼等由幼而壯，在學校中所受之體育訓練，類皆挺胸呼吸，若依此說，皆將炸肺矣。

今不聞歐美人有炸肺之病，其體力反優越於我國民者不知若干倍？彼等視為尋常鍛鍊體魄之運動，以國民嬌弱之軀當之，多謂為劇烈有害，學者創之，眾人附和之，於是執其一偏之見，目張胸呼吸之武術，為妨礙生理，而編造炸肺之說，以亂世人之聽聞。

一般士大夫，亦以寓尚武精神於溫文爾雅之中，競相號召，趨勢如斯，吾不禁為民族盛衰前途，抱無窮之隱憂焉！

太極拳歷史之可考者應自清初王宗岳始。

## 九、王宗岳《太極拳經》考及其歌訣

姚馥春、姜容樵得乾隆舊鈔本王宗岳《太極拳經》於楊士林；不佞近亦得斯經鈔本於永年馬同文，中有李亦畬小序一篇，可藉以考定姚、薑舊鈔本之時代。

李亦畬小序中，自云於咸豐三年從母舅武廉泉禹襄習斯技；武則初從本邑南關楊老祿（露禪）學，得其梗概，嗣遊於豫省趙堡鎮陳清平之門，技始成。

馬今年六十有五，為亦畬姨甥，謂彼時見武，已逾耳順，以此推之，陳清平當是乾嘉間人，故太極拳歷史之可考者，應斷自清初王宗岳始；清以前則不可得而考焉。

太極拳之歌訣，與內家拳之歌訣，內容絕不相同，其打法、練法亦

太極拳歌訣。

各異。不佞由考證之結果，認為太極拳自太極拳，內家拳自內家拳，一南一北，各有師承，若混而為一，則落於牽強附會矣。

內家拳與太極拳，皆奉張三手為始祖，故淺學家者流，便認為一物；其實附會張三手者，除內家拳、太極拳而外，《少林拳術秘訣》且謂七十二穴點按術，亦係三手所創明，彼此傳說，個個不同，偽託之跡，顯而易見。

茲錄乾隆舊鈔本《太極拳經》歌訣七首於左，以資參證。

歌訣一：

「順項貫頂兩膀鬆，束烈下氣把襠撐。
胃音開勁兩捶爭，五指抓地上彎弓。」

歌訣二：

「舉動輕靈神內斂，莫教斷續一氣研。

左宜右有虛實處，意上寓下後天還。」

歌訣三：

「拿住丹田練內功，哼哈二氣妙無窮。

動分靜合屈伸就，緩應急隨理貫通。」

歌訣四：

「忽隱忽現進則長，一羽不加至道藏。

手慢手快皆非似，四兩撥千運化良。」

歌訣五：

「掤攦擠按四方正，採挒肘靠斜角成。

乾坤震兌乃八卦，進退顧盼定五行。」

歌訣六：

「十三總勢莫輕視，命意源頭在腰隙。

變轉虛實須留意，氣遍身軀不少滯。
靜中觸動動猶靜，因敵變化示神奇。
勢勢揆心須用意，得來不覺費工夫。
刻刻留心在腰間，腹內鬆淨氣騰然。
尾閭中正神貫頂，滿身輕利頂頭懸。
仔細留心向推求，屈伸開合聽自由。
入門引路須口授，工夫無息法自休。
若言體用何為準，意氣君來骨肉臣。
想推用意終何在，益壽延年不老春。
歌兮歌兮百卅字，字字真切義無遺。
若不向此推求去，枉費工夫貽歎息。」

許禹生所述之門派積習。

歌訣七：

「極柔即剛極虛靈，運若抽絲處處明。
門展緊湊乃縝密，待機而動如貓行。」

## 十、門派積習與太極拳

許禹生有一文，述武術門派積習，言極沉痛。許於斯道閱歷數十年，非無病呻吟也。其文錄之於後。

「古之學者必有師，豈僅國術。唐韓愈云：『師者，所以傳道、授業、解惑。』」尊師敬道，吾所贊同。但國術家之為師為徒者，多為個人專利計，非為傳道授業解惑；以利害為前提，不以道為歸宿，則吾痛心矣！嚴守秘密，不事公開，收授門徒，欺騙弟子，出主入奴，互相標榜，以達其封建割據傳統之謬想野心；妄分南北，各立門戶，門中有承認門路弟子之條件。

對於社會學生習武之靳不教。

派，甚至以姓氏標題，遂有家傳、嫡傳、眞傳之區別，大似非子不傳，非徒不眞，自欺欺人，伊於胡底！故同一太極拳也，而有宋派、陳派、楊派、吳派之分。……夫派者，支流之稱也。國術為整個的，不求完整進步，而以僅得一偏自豪，焚香結盟，冊載同門，互誇門徒弟子之衆，不知其意何居？以天下為公，而拳術家私之，無乃不可乎！天道好還，其弊也，父子互許，昆玉異詣，師弟水火，為識者所非笑。門派之見不除，誠為提倡國術之障礙；害群之習不去，國術終不能盛興也。」

又見姜容樵武術著作中，敘述班輩之禮法，足證許說之確有所見。姜之言曰：

「……升堂入室者為門路弟子。投門路者，必須遵守師之規則，及見同門長輩之禮法，否則以反教論，然必為同門所不承認。其有於學校或武術機關傳授者，則為社會學生。社會學生，概不傳此項規則，遇同

革新武術，惟有無門派積習，而且科學頭腦之新青年，方足肩斯任。

門亦無班輩之禮法，但欲學何種拳術，或刀劍，求之同門，則靳不多教。若門路者，則無論長傳幼，幼亦可傳長，皆可互相遞授，各無異說。余友黃介梓、孫祿堂、韓慕俠，守禮法極嚴；其門弟子見同門長輩，叩頭後，多垂手站立，聽命惟謹。」

觀於此，中國武術所以不能進步者，實有其原因所在。革新之道，惟有無門派積習，而具科學頭腦者，方足肩斯任，吾以此高呼於一般新青年之前。

## 本書參考書目

《明史》張廷玉等
《內家拳法》黃百家
《南雷文定》黃黎洲

《寧波府志》曹秉仁等
《太極拳經》王宗岳
《三丰全集》汪錫齡、李西月
《少林武當考》唐范生
《太極拳講義》姚馥春、姜容樵
《太極拳學》孫祿堂
《太極拳圖》吳鑒泉
《太極拳術》陳微明
《太極答問》陳微明
《太極劍》陳微明
《張三丰太極煉丹秘訣》
《形意五行拳圖說》凌善清

用辯證法來打破三百餘年國術界傳統謬說的一

# 少林武當攷出版

著作者唐范生

不知正確的國術史是研究國術者提倡國術者之大恥

研究國術的諸君
提倡國術的諸君
對於國術有趣味的諸君

欲知達磨不是少林的鼻祖張三丰不是武當的鼻祖者不可不讀此書

欲知少林的正確歷史武當的眞實內容者不可不讀此書

實價大洋八角

發行處
南京西華門頭條巷中央國術館

寄售處
上海南京路文明書局
上海四馬路大東書局

# 內家拳

唐豪著

武藝叢書

第一輯之三

# 於「武藝叢書」的感言

「清算整理」，一切理論全需要「清算」，全需要「整理」的，目前，「武藝」這一部門當然也沒有例外。「武藝叢書」的產出，就是企圖負起這點任務。

把荒誕的、邪魔的、神秘的種種關於武藝的謬說，或者竟利用這謬說作煙幕，掩護自己「安身立命」企圖者們的狂言，作一度「清算」；同時還要把前代遺留下來「武藝」上的東西——合理的使它存在，不合理的要無憐惜地剔除出來，揚棄了它——作一度新的整理和估價。更要指明的是：所謂「武藝」本身在人類歷史進展上，目前以至將來的社

會，它應該佔著怎樣的位置和價值？這樣明瞭了以後，我們才能得到一個正確的，帶有科學性的實踐標準，才不至於盲目地努力，從實踐中可以更接近地證明了所謂「武藝」的價值在哪裏。

這工作是必要的！不是嗎？

《少林武當考》、《太極拳與內家拳》，這也是本叢書編著者，兩部關於「武藝」考證的著作，順便提在這裏的，就是從這兩部書裏，我們已經看得出作者過去對於「武藝」著述是怎樣的忠實，起始用了作武藝書者不會用過的方法，開了一條新路，來闡明了一切。雖然當時曾受了一些庸俗的「把勢匠」和「老古董」之流的不滿，但這又成功了什麼呢？他們除開信口說些侮蔑詆毀的亂言以外，公開論戰的文字卻沒見他們產出一篇，無疑這是「清算」引起了他們護短的羞憤而已。

我是同意范生君這工作，凡進步而有志於「武藝」研求的，如果不

甘心在一些暗昧欺騙的牛角裏摸索的同志們，一定也該同意的！

「武藝叢書」刊行起始，寫了這點文字，就算作它的「發軔禮」。

一九三五年九月九日　劉蔚天記

本來打算做篇自序，說明刊行武藝叢書的意旨，如今劉兄蔚天，在他送吾的禮物中，替吾把「清算」、「整理」兩大目的，舉了出來，那麼，吾何必再說累贅話呢？

過去，吾之研究武藝，在購求圖書方面，所費的代價甚鉅，所得的材料甚微，因之，發願要印一部「武藝叢書」，以便同好者的參考；故叢書之中，除了自己的著述而外，一部分純是素材，這是要附在這裏說明的。

一九三五年九月九日　唐豪附記

# 內家拳 自序

古之拳家，以花法套數惑世，戚南塘三百年前，已慨乎言之。今之拳家，花法套數之外，且附會妖妄以欺人。花假雖足貽誤，然猶得磨礱體魄之益；妖誣蔓延，將見國亡而有餘。

梨洲、百家，世知其長於史學，若以其長於史學，遂謂黎洲、百家之所語，悉足稱信史，此則未明梨洲、百家之史學為何物矣。

梨洲之《王征南墓誌銘》，百家之《內家拳法》，雖皆及張三丰事蹟，然皆誕妄無據，今之武術著作，多採為史料，信之不疑，未免使人失笑。

梨洲、百家之文，其所寫者王征南，其藉以寄託者種族革命，讀其文自知，初不待煩言而自明。今以推崇梨洲史學之故，信三丰一夢精技擊之妄，愚又烏得而不歎息今之武術著作家之常識哉。

百家行文，不甚謹嚴，諸葛時代，距清初才千五百年左右，百家謂三千年。以其非為諸葛立傳，故無關乎文章之得失，渲染三丰語，但當作如是觀而已。若以考據病其疏失，是未足以言知百家也。

進而論之，梨洲之述三丰，謂其技夢中由元帝所授；百家之述三丰，謂初精於少林，繼翻為內家，父子之言，尚歧異若斯，謂可取信於後世乎？愚嘗親詣少林，遍考宋元明碑刻。宋元二代，少林武術，闃焉莫聞，明代雖絢爛於一時，亦未見有三丰武術之記載。

雍正《寧波府志・張松溪傳》謂：「松溪之師孫十三老，自言其法起於宋之張三丰。」文中特著「自言」二字，言外微意，疑而難於徵信

可知。今人取明岐陽王世家文物中張三丰繪像，曲為附會。不知繪像自繪像，內家拳自內家拳；繪像既無三丰親著傳記，自稱為內家拳祖，人又安得而推知之。

內家拳自孫十三老以來，太極拳自王宗岳以來，一南一北，均附會於張三丰，夫既創自一人，即令傳久失眞，大體當不相遠，然考其練法、打法、色名，無一相同，出諸後人偽託，顯而易見。

十八年冬，愚至溫之陳溝，訪求太極拳史料，得清初陳王廷所遺長短句，及其族中家譜，然後知太極拳之發明，出自王廷。又讀太極拳世家陳品三所著《太極拳講義》、《引蒙入路》、《陳氏家乘》諸稿本，並遍訪當地父老，絕無張三丰創太極拳，亦無太極拳即內家拳之傳說。歸而取永年武氏傳抄太極拳譜，及近人太極拳著述研究之，始知張三丰之附會，乃別有因緣（詳拙著《太極拳史的研究》）。而標榜太極拳為

內家拳者，則近二十年間事，民國以前所未聞也。

近人又以形意拳、八卦拳附會為內家拳，則尤可嗤。愚嘗讀陳品三手錄雍正《心意六合拳譜》（按形意拳，古名心意六合拳），形意拳之發明，實為清初姬隆鳳。又於北平拓得董海川墓誌，誌中載八卦拳之近祖為董，遠祖則不可考。更取兩家之練法、打法、色名，與內家拳比較，亦截然異其趣。此等附會，出於標榜，徒為識者所笑而已。

技擊不以標榜為重，而以應用為貴，愚病近人多昧此義，或知而不明提倡之道；又怵於近之號稱武術著作家者，扇妖妄之毒焰，賊人群之思想，故師法萬季野修明史之精神，求實錄，搜遺書，參考郡志邑乘雜家史傳之文，闢偽存眞，成武術史稿若干種。

其專言太極拳者，曰太極拳史的研究；明內家、太極、形意、八卦之異者，曰武當派武術及其史的研究；歸納黎洲、百家、季野等著述，

敘述內家拳者，曰內家拳的研究——簡稱《內家拳》。

此稿先成，因弁所見為序。

民國二十四年九月九日　吳縣范生唐豪

# 內家拳 目錄

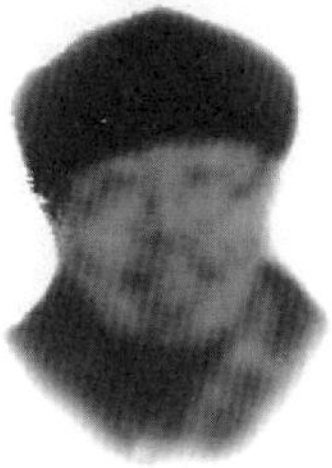

# 內家拳

吳縣 唐豪 著

## 內家拳祖張三丰的研究

據黃梨洲所撰的《王征南墓誌銘》中說，張三丰的拳法，即所謂內家拳也者，是武當山的山神元帝在睡夢中教給他的。這種無稽之談，在三百年前的社會裏，還會被人相信，到了進步的現代，凡是略略具一些常識的人，便知其荒唐不經。

可是我們來檢討一下許多汗牛充棟的武術著作，凡談內家拳者，幾乎無一不拿誕妄的神話來當作史料，甚至胡謅了不少謊話，東拉西扯，

遙戴這位邋遢道人做他們的祖師，以自重其聲價，不知武術重在實際的應用，而不貴乎虛偽的標榜。

我們取《明史》中的《胡濙傳》、《鄭和傳》、和《方伎傳》中的張三丰事蹟，來一加研究，很容易看出張三丰之所以成為一尊被人附會的偶像者，內幕實隱藏著一齣政治喜劇。假使不把這齣喜劇看個清楚透徹，怎能知道張三丰被人附會為內家拳祖師的原因呢。

搬演這幕喜劇的主角是明朝的永樂皇帝，他是太祖的兒子，建文的叔父，太祖龍馭上賓之後，因為皇太子早世，皇孫建文承繼了帝位，永樂是一位雄心勃勃的朋友，哪裏肯屈居下位，向他侄兒南面稱臣，所以建文即位不久，他便用了靖難的名義，殺奔南京，奪取帝位，居然勢如破竹，被他達到目的。

永樂打進南京，入承大統以後，對於建文的下落，成了一個嚴重的

問題，舉朝紛紛有的說建文自焚而死；有的說建文從水關遁出。這重公案，纂修《明史》的萬季野，嘗斥其偽。他說：「紫禁城無水關，無可出之理。」

近人胡適之的崇禎本《遜國逸書》殘本跋也力闢其妄。但當時的永樂，因為沒有把建文生擒活捉到手，又因火燬的內宮瓦礫場中，辨別不出哪一個是建文的屍身，他生怕建文果真出亡，留下後患，足以動搖他的統治地位，不能穩坐大寶，所以特地差了戶部都給事中胡濙，偕同內侍朱祥，及三保太監鄭和等，分頭去蹤跡建文帝的所在。

我們要知道這幕喜劇的詳情，單讀《方伎傳》所記的張三丰事蹟是不夠的，因為張三丰傳記中，不過片言隻語，隱約露出一些消息來，所以非與《胡濙傳》、《鄭和傳》，相互參證，是不能得其真相。

明史《方伎傳》所記的張三丰事蹟。

「張三丰，遼東人，名全一，一名君寶，三丰其號也，以其不修邊幅，又號張邋遢。

頎而偉，龜形鶴背，大耳圓目，鬚髯如戟，寒暑惟一衲一蓑。所啖升斗輒盡，或數日不食，或數月不食。書經目不忘。遊處無恒，或云一日千里。

善嬉諧，旁若無人。

嘗遊武當諸巖壑，語人曰：『此山異日必大興。』時五龍、紫霄俱燬於兵，三丰與其徒去荊榛瓦礫，創草廬居之，已而捨去。

太祖故聞其名，洪武二十四年，遣使覓之，不得。

後居寶雞之金台觀，一日，自言當死，留頌而逝，縣人共棺殮之。及葬，聞棺內有聲，啟視則復活。乃遊四川，見蜀獻王。復入武當，歷襄漢，蹤跡益奇幻。

永樂中，成祖遣給事中胡濙，偕內侍朱祥齎璽書香幣往訪，遍歷荒徼，積年不遇。乃命工部侍郎郭璡、隆平侯張信等，督丁夫三十餘萬人，大營武當宮觀，費以百萬計；既成，賜名太和太岳山，設官鑄印以守，竟符三手言。

言或三手金時人，元初與劉秉忠同師，後學道於鹿縣之太清宮，然皆不可考。

天順三年，英宗賜誥，贈為通微顯化真人，終莫測其存亡也。」

胡傳：

「胡濙字源潔，武進人。生而髮白，彌月乃黑。

建文二年，舉進士，授兵科給事中。永樂元年，遷戶部都給事中。惠帝之崩於火，或言遁去，諸舊臣多從者，帝疑之，遣濙頒御製諸書，並訪仙人張邋遢，遍行天下州郡鄉邑，隱察建文所在。濙以故在外最

久，至四年乃還，所至亦間以民隱聞。母喪乞歸，不許，擢禮部左侍郎。十七年復出巡江、浙、湖、湘諸府，二十一年還朝，馳謁帝於宣化府。帝已就寢，聞濙至，急起召入，悉以所聞對，漏下四鼓乃出。先濙未至，傳言建文帝蹈海去，帝分遣內臣鄭和數輩，浮海下西洋，至是疑始釋。」

鄭和傳：

「鄭和，雲南人，世所謂三保太監者也。初事燕王於藩邸，從起兵有功，累擢太監。成祖疑惠帝亡海外，欲蹤跡之；且欲耀兵異域，示中國富強，永樂三年六月，命和及其儕王景弘等通使西洋。」

不消說得，胡濙、鄭和，都是永樂的心腹，這樣的機密大事，當然非心腹不辦，但派了不能確認或完全不知建文面貌如何的人去蹤跡建文

的下落，是有問題的。永樂用心很細，命內侍朱祥，偕同胡濙出發，鄭和方面，則派王景弘等同行。

水路必須踏入異國境地，很容易發生國際的糾紛，所以非帶兵前去不可，所謂耀兵異域，示中國富強者，完全是一派假話。陸路若率直的標明蹤跡建文帝，那麼一般傾心舊君而貌為歸順的外臣，勢必動搖其臣服之念。永樂為策萬全計，於是命胡濙假託訪尋仙人張三丰，故《毗陵見聞錄》載：「胡老尚書趕張邋遢。」而不知當時趕的實是永樂所認為心腹大患的建文帝，並不是什麼仙人張三丰。迨窮搜冥索找了二十餘年，最後得了胡濙的深夜報告，才渙然疑釋，大營武當宮觀，以遮蓋天下的耳目。這幕喜劇，非通觀三傳，豈能會得！

《明史》既把這幕喜劇寫得這等明顯，黃梨洲號稱史學宗匠，何以會在《王征南墓誌銘》中把張三丰寫得如此誕妄的呢？答覆這個疑問，

似乎應該把梨洲以何因緣而撰這篇墓誌說一說。

三百年前抱無神論者自是極少，梨洲雖為學者，也是信有神仙之人。對內家拳源流，據征南口述，依樣葫蘆，本無所用心於其間。而況他是一個抱亡國隱恨而未能忘情於前朝的遺老，所以他做的文章特別為不肯失節於滿清的同志撰傳記墓誌，時常流露出故國離黍之感和自己所抱的志節來。《王征南墓誌銘》，雖涉及張三丰，但他並不是為張三丰立信傳世，而是把王征南來借題發揮而已。

按《方伎傳》所述張三丰事蹟，觀其「然皆不可考」一語，即可見萬季野纂修《明史》的時候，早了其妄。梨洲《王征南墓誌銘》，百家《內家拳法》，均撰於聖祖詔修《明史》以前；即《明史》告成，亦後於《寧波府志》之纂修。季野學宗梨洲、百家與纂《明史》，《府志》非稗官家言，張三丰為內家拳鼻祖，苟可徵信，修史者胡不入《方伎

傳》張三丰事蹟之中呢？至後世其他拳械，尊為三丰發明者，至民國時代止，猶日有增益，荒唐無稽，皆毫無置信的價值。

## 內家拳的源流

內家拳源流表：

王宗——陳州同

孫十三老—張松溪—葉繼美

- 吳崑山
  - 李天目
    - 余時仲
    - 吳七郎
    - 陳茂宏
  - 徐岱岳
- 周雲泉—盧紹岐
- 單恩南—王征南—黃百家
- 陳貞石
  - 董扶輿
  - 夏枝溪
- 孫繼槎
  - 柴元明
  - 姚石門
  - 僧耳
  - 僧尾

這張表是根據黃梨洲所撰的《王征南墓誌銘》、黃百家所著的《內家拳法》、曹秉仁等所纂的《寧波府志·張松溪》傳、王漁洋的《讀聊齋李超始末識後》製成的。《寧波府志》及王漁洋，均謂陳州同、孫十三老皆嘉靖間人，故表中其名並列。

王宗、孫十三老，均未載師承。陳州同只載傳其鄉人。張松溪之徒，雖有數人，只葉繼美近泉可考，徐岱岳、盧紹歧、董扶輿、夏枝溪、柴元明、姚石門、僧耳、僧尾、余時仲、吳七郎、陳茂宏，均未載傳人，黃百家未傳人。

又王漁洋《讀聊齋李超始末識後》中有云：

「征南之徒，又有僧耳、僧尾者，皆僧也。」

按漁洋所舉源流，惟僧耳、僧尾與《王征南墓誌銘》、《寧波府志》所述相異。《王征南墓誌銘》及《寧波府志》皆謂僧耳、僧尾係孫

繼槎徒，漁洋則云征南之徒。梨洲《王征南墓誌銘》中有云：「予嘗與之入天童，僧山焰，有膂力，四五人不能掣其手，稍近征南，則蹶然負痛。征南曰：『今人以內家無可炫耀，於是以外家攙入之，此學行當衰矣。』因許敘其源流。」

黎洲《內家拳源流》，乃親得諸征南口述，雖始祖張三丰之說，出自附會；然陳州同、孫十三老、張松溪，皆嘉靖間人，州同之技，得自王宗；征南生於萬曆年間，相去不遠，其所述近祖，自較可信。

漁洋未嘗與征南交遊，得諸傳聞，誤僧耳、僧尾為征南之徒，當不及梨洲之說可據。

## 內家拳家小傳

內家拳家中，除張松溪、單思南、王征南、黃百家四人以外，王

宗、陳州同、孫十三老、葉繼美、吳崑山、周雲泉、陳貞石、孫繼槎、李天目、徐岱岳、盧紹歧、董扶輿、夏枝溪、柴元明、姚石門、僧耳、僧尾、余時仲、吳七郎、陳茂宏等二十人，都無事蹟可考，故僅撮四人的涯略，為立小傳。

## 張松溪

張松溪，鄞人。

善搏，師孫十三老。

松溪為人，恂恂如儒者，遇人恭敬，身弱不勝衣，人求其術，輒遜謝避去。

時少林僧以拳勇名天下，值倭亂，當事召僧擊倭，有僧七十輩，聞松溪名，至鄞求見，松溪蔽匿不出，少年慫恿之，試一往，見諸僧方校

技酒樓上，忽失笑。諸僧知其松溪也，遂求試。松溪曰：「必欲試者，須召里正約，死無所問。」許之。松溪袖手坐，一僧跳躍來蹴，松溪稍側身，舉手送之，其僧如飛丸隕空，墜重樓下，幾斃。眾僧始駭服。

嘗與諸少年入城，諸少年閉之月城中，羅拜曰：「今進退無所，幸一試之。」松溪不得已，乃使諸少年舉圜石可數百斤者累之，謂曰：「吾七十老人，無所用試，供諸君一笑可乎！」舉左手側面劈之，三石皆分為二，其奇異如此。」

松溪之徒數人，葉繼美近泉為之最。

拳勇之術者有二：一為外家，一為內家，外家則少林為盛，其法主於搏人；而跳跟奮躍，或失之疏，故往往為人所乘。內家則松溪之傳為正，其法主於禦敵，非遇困危則不發，發則所當必靡，無隙可乘。故內家之術為尤善。

其搏人必以其穴：有暈穴，有啞穴，有死穴，相其穴而輕重擊之，無毫髮爽者。其尤秘者，則有敬、緊、徑、勁、切五字訣，非入室弟子，不以相授。蓋此五字，不以為用，而所以神其用，猶兵家之仁、信、智、勇、嚴云。

這篇傳記，是依據《寧波府志・張松溪傳》所成。其中，有兩點不可靠。

茅元儀《武備志》云：「諸藝宗於棍，棍宗於少林。俞大猷《正氣堂文集・少林新建十方禪院碑》云：此寺以劍技——棍法——名天下。」足證明代少林武術，聞名成派的只有夜叉棍法六路。

程胤萬敘其兄沖斗《耕餘剩技》云：「棍法闡於萬曆丙辰。」沖斗《少林棍法闡宗・問答篇》有云：「或問曰：『棍尚少林，今寺僧多攻拳，而不攻棍，何也？』余曰：『拳猶未盛行海內，今專攻於拳者，欲

使與棍同登彼岸也。』」一曰拳猶未盛行海內，曰今專攻於拳，可知少林拳在萬曆以前猶未盛行海內，寺僧至萬曆間始專考於拳。

松溪嘉靖間人，則府志所云，少林以拳勇名天下；拳勇之術，外家少林為盛，這些話是靠不住的。少林拳技，既無足稱，而一般社會所以盛譽之者，大概不外兩種人物：一種為未曾考據過少林武術文獻的人，一種為假託博名之徒，《寧波府志》的執筆者，自是前一種人物。嘉靖三九年去世的唐順之，於其《峨眉道人拳歌》中，有「少林拳法世稀有」之句，亦不過隨筆渲染之語；否則，萬曆少林拳法，尚未與棍同登彼岸，換言之，即未聞名成派，豈有嘉靖間乃為世所稀有乎？

三大塊重至數百斤的圓石，累將起來，不要說舉手側劈，即使用大鐵錘也不容易把它全都擊碎。拳家劈分石塊，重至數十斤者即不可能。文中「百」字非衍，則為誇誕。

## 單思南

思南與吳崑山、周雲泉、陳貞石、孫繼槎，皆葉近泉徒。

思南，鄞人，從征關白，歸老於家，以其術教授；但精微所在，深自秘惜，掩關而理，學子皆不得見。

子不肖，思南常自傷身後莫之經紀。其門弟子王征南聞之，奉以銀卮數器，以為美櫝之資，思南感其意，盡以不傳者傳之。

## 王征南

征南，名來咸，姓王氏，征南其字也。

從學於單思南，思南雖以其術教授；然精微所在，深自秘惜，掩關而理，學子皆不得見，征南從樓上穴板窺之，得梗概。思南子不肖，自

傷身後莫之經紀，征南聞之，以銀卮數器，奉為美櫝之資，思南感其意，盡以不傳者傳之。

征南為人機警，得傳之後，絕不露圭角，非遇甚困不發。嘗夜出偵事，為守兵所獲，反接廊柱，數十人轟飲守之。征南拾碎瓷，偷割其縛，探懷中銀望空而擲，數十人方爭攫，征南遂逸出。數十人追之，皆蹃地，匍匐不能起。行數里，迷道田間，守望者又以為賊，聚眾圍之，征南所向，眾無不受傷者。

歲暮獨行，遇營兵七八人，挽之負重，征南苦辭求免，不聽。征南至橋上，棄其負，營兵拔刀擬之。征南手格，而營兵自擲仆地，鏗然刀墜，如是者數人。最後取其刀投井中。營兵索綆出刀，而征南之去已遠。

其搏人皆以穴，死穴、暈穴、啞穴，一切如銅人圖法。有惡少侮征

南，為所擊，其人數日不溺，踵門謝過，乃得如故。牧童竊學其法，以擊伴侶，立死，征南視之曰：「此暈穴也，不久當甦。」已而果然。

征南任俠，嘗為人報仇，然激於不平而後為之。有與征南久故者，致金以仇其弟，征南曰：「此以禽獸待我也。」毅然絕之。

征南精射，百發無失，其獨創之法，於斗室中捲席作垛，以凳仰置桌上，將席閣使極平正，以矢鏃對席心，離一尺滿彀正體射之，矢看席，著其矢鏃偏向，或左或右，即時救正，上下亦然，必使其矢從席罅無聲而過，則出而射侯，但以左足尖相對，信手發去，無不中的。征南少時，隸盧海道若騰。海道較藝給糧，征南嘗兼數人，直詣行部，七矢破的，補臨山把總。

錢忠介公建口，以中軍統營事，屢立戰功，授都督僉事副總兵官。事敗，猶與華兵部句致島人，藥書往復，兵部受禍，仇首未懸，征南終

身菜食，以明此志。識者哀之。

征南罷事家居，慕其才藝者，以為貧必易致，營將皆通殷勤，征南漠然不顧，鋤地擔糞，若不知所長有易於求食者。

一日，遇其故人，故人與營將同居，方延松江教師，講習武藝。教師倨坐彈三弦，視征南麻巾縕袍，若無有。故人為言征南善拳法，教師斜盼征南曰：「若亦能此乎？」征南謝不敏。教師軒衣張眉曰：「亦可小試之乎？」征南固謝不敏，教師以其畏己，強之愈力。征南不得已而應，教師被跌，請復之，再跌而流血被面。教師乃下拜，贄以二縑。

天童僧山焰，有膂力，四五人不能掣其手，稍近征南，則蹶然負痛。

征南於拳，創盤斫之法。拳家唯斫最重，斫有滾斫、柳葉斫、十字斫、雷斫四種，征南所獨創之盤斫，則能以斫破斫。

征南未嘗讀書，然與士大夫談論，則蘊藉可喜，了不見其為粗人。

後以病貧交纏，心枯容悴而死。葬於同嶴之陽。

生於公曆一六一七，卒於公曆一六六九。

## 黃百家

黃百家，原名百學，字主一，號不失。餘姚黃梨洲季子。

百家少不習科舉業，喜事甚，聞王征南名，至寶幢學焉。征南絕憐其技，授受甚難其人，凡心險者，好鬥者，狂酒者，輕露者，骨柔質鈍者皆不傳，得百家而樂傳之。居室𣪍窄，習於其旁之鐵佛寺。

百家穎悟，從學後，於拳之應敵打法，穴法，所禁犯病法，練法，皆能盡舉。以六路，十段錦歌訣隱略難記，各為詮釋。征南見之笑曰：「余以終身之習，往往猶費追憶，子一何簡捷若是乎？雖然，子藝自此不精矣！」

百家幼受黎洲薰陶，抱民族革命思想，初從征南習武，意志甚豪，嗣以反清勢力根本消滅，乃改習舉子業，嘗於其所著《內家拳法》中，述其轉變傾向之始末云：

方余之習於鐵佛寺也，琉璃慘淡，土木猙獰，余與先生演肄之餘，濁酒數杯，團圞繞步，候山月之方升，聽溪流之嗚咽，先生談古道今，意氣慷慨，因為余兼及槍刀劍鉞之法曰：「拳成，外此不難矣，某某處即槍法也，某某處即劍鉞法也。」以至卒伍之步伐，陣壘之規模，莫不淋漓傾倒，曰：「我無傳人，我盡將授之子。」

余時鼻端出火，興致方騰，慕睢陽、伯紀之為人，謂：「天下事必非齷齪拘儒所任，必其能上馬殺敵，下馬擒王，始不負七尺於世。」當是時，西南既靖，東南亦平，四海晏如，此真挽強二石，不若一丁之時。家大人見余跅馳放縱，恐遂流為年少狹邪之徒，將使學為科舉之

文；而余見家勢飄零，當此之時，技即成而何所用？亦遂自悔其所為。因降心抑志，一意夫經生業，擔簦負笈，問途於陳子夔獻，陳子介眉，范子國雯，萬子季野，張子心友等；而諸君子適俱亦在甬東。先生入城時，嘗過余齋，談及武藝事，余時注意舉業，雖勉強聽受，非復昔日之興會矣。

征南死七年，其鄉盜賊蟻合，流離載道，白骨蔽野，百家播徙海濱，不覺甚悔拋棄征南之學，嘗曰：「今先生之死止七年，吾鄉盜賊蟻合，流離載道，白骨蔽野，此時得一桑懌，足以除之；而二三士子，猶伊吾於城門晝閉之中，當事者命一二守望相助等題，以為平盜之政，士子摭拾一二兵農合一之語，以為經濟之才，龍門子秦士錄曰：『使弼在，必當有以自見！』言念先生，空槁三尺蒿下，寧不惜哉！」

嗟呼！先生不可作矣！念當日得先生之學，豈敢謂遂有關於匡王定霸之略，然而一障一堡，或如范長生、樊雅等，保護黨閭，自審諒庶幾

焉！亦何至播徙海濱，擔簦四顧，望塵起而無遁所乎！昔以從學於先生而悔者，今又不覺甚悔！夫前之悔矣，先生之術所受者唯余，余既負先生之知，則此術已成廣陵散矣，余寧忍哉！

百家於追悔之餘，特著《內家拳法》，備後之好事者，或可因是而得焉；又著《征南射法》，均傳世。

生於公曆一六四三，卒年待考。

## 內家拳套數的研究

內家拳共有兩套，一套叫做六路，一套叫做十段錦。

近人標榜太極、形意、八卦三種拳法為內家拳，只就其套數名稱，列表一為比較，便足證明其非是一物。

茲列表比較如左：

| 總稱 | 單演套稱 | 合演套稱 |
| --- | --- | --- |
| 內家拳 | 六路 | |
| | 十段錦 | |
| 太極拳 | 長拳 | 推手（一作擖手） |
| | 十三勢 | |
| 形意拳 | 五拳（一作五行） | 五拳相剋（一作五行生剋） |
| | 連環捶 | |
| | 十二形 | |
| | 雜式捶 | 英雄鬥志（一作鷹熊合演） |
| | 八字功 | |
| | 十二紅捶 | |
| | 出入洞 | |
| | 八勢 | |
| | 四把捶 | |
| 八卦拳（一作八卦掌） | 八卦拳（一作八卦掌） | |

中國古時有實戰經驗的武術家對於武術是看不起套數而傾重於勢法的蕩平倭寇的戚繼光，不但有此倡言；且於其所著《拳經》中，只列三十二勢而不涉套數，這是他指示給人一條習武的重要途徑，內家拳在嘉靖間既名盛一時，繼光留浙甚久，《紀效新書》於當時有名的拳法，臚舉甚詳；編拳經時獨不採及套數的內家拳，余故疑梨洲因重征南氣節，百家亦未博涉其他名家拳法，遂不免有逾分推尊之處。

## 內家拳的練法

內家有練手法三十五，練步法十八。

練手法如左。

斫、削、科、磕、靠、擄、逼、抹、芟、敲、搖、擺、撒、鐮、囂、兜、搭、剪、分、挑、綰、衝、鉤、勒、耀、兌、換、括、起、

倒、壓、發、插、削、釣。

練步法如左。

踅步，後踅步，碾步，沖步，撒步，曲步，踢步，斂步，坐馬步，釣馬步，連枝步，仙人步，分身步，翻身步，追步，副步，斜步，絞花步。

以上這些練法，總攝於六路和十段錦兩套拳法之中。各有歌訣一首。歌訣每句中各含一或二術名，其詞皆隱略難記，黃百家為詮釋如左：

**六路歌訣：**

「佑神通臂最為高」，通臂——長拳也，右手先陰出長拳，左手伏乳，左手從右拳下亦出長拳，右手伏乳，共四長拳。足連枝隨長拳，微搓挪左右，凡長拳要對直手背，向內向外者即病，中戳法拳。

「斗門深鎖轉英豪」，斗門——左膊垂下，拳衡上當前，右手平屈

向外，兩拳相對為斗門，右足踝前斜，靠左足踝後，名連枝步，右手以雙指從左拳鉤進復鉤出，名亂抽麻。右足亦隨右手向左足前鉤進復鉤出，作小踢步還連枝。

「仙人立起朝天勢」，仙人朝天勢——將左手長拳往右耳後向左前斫下，伏乳，左足搓左，右手往左耳後向右前斫下，鉤起閣左拳背，拗右拳正當鼻前，似朝天勢，右足跟劃進，當前橫向外，靠左足尖如丁字樣，是為仙人步。凡步俱蹲矬，直立者病法所禁。

「撒出抱月不相饒」，抱月——右足向右至後大撒步，左足隨轉右作坐馬步，兩拳平陰相對為抱月。復搓前手還斗門，足還連枝，仍四長拳。斂左右拳緊叉當胸，陽面，右外左內，兩睜夾脅。

「揚鞭左右人難及」，揚鞭——足搓轉向後，右足在前，左足在後，右足即前進追步，右手陽發陰，膊直，肘平屈，橫前如角尺樣，左

手扯後伏脅，一斂轉面，左手亦陽發陰，左足進同上。

「煞錘衝擄兩翅搖」，煞錘——左手平陰屈橫，右手向後兜至左掌，右足隨右手齊進至左足後。衝擄——右手向後翻身直斫，右足隨轉向後，左足揭起，左拳衝下著左膝上為釣馬步。此專破少林摟地挖金磚等法者。右手擄左睜，左手即從右手內豎起，左足上前逼步，右足隨進後仍還連枝，兩手仍還斗門，兩手搖擺，兩足搓右作坐馬步，兩拳平陰著胸，先將右手掠開，平直如翅，復收至胸，左手亦然。

以上歌訣六句，首句含通臂手法，內攝連枝步。次句含斗門手法，內攝連枝步，小蹋步。三句含仙人朝天勢手法，內攝仙人步。四句含抱月手法，並復演斗門，內攝連枝步。五句含揚鞭手法，內攝追步。末句含煞錘，衝擄兩手法，並復演斗門，內攝釣馬步，逼步，連枝步，坐馬步。

征南對百家說過：「拳不在多。惟在熟練之純熟，即六路亦用之不窮，其中分陰陽止十八法，而出即有四十九，」如何為陰陽十八法，如何變出有四十九，百家未曾在詮釋中詳細說明，三百年後的著者，自無從指出了。

## 十段錦歌訣：

「立起坐山虎勢」坐山虎勢——起斗門，連枝足搓向右作坐馬，兩拳平陰著胸。

「回身急步三追」急步三追——右手撒開轉身，左手出長拳同六路，但六路用連枝步，至搓轉方右足在前仍為連枝步；而此用進退斂步，循環三進。

「架起雙刀斂步」雙刀斂步——左膊垂下，拳直豎當前，右手平屈向外，叉左手內，兩足緊斂步。

「滾斫進退三迴」滾斫進退三迴——將前手抹下，後手斫進，如是者三進三退。凡斫法上圓，中直；下仍圓如斧鉞樣。

「分身十字急三追」分身十字——兩手仍著胸，以左手撤開，左足隨左手出，右手出長拳，循環三拳，右手仍著胸，以右手撇開，左足轉面，左手出長拳，亦循環三拳。

「架刀斫歸營寨」架刀斫歸營寨—右手復叉左手內，斫法同前，滾斫法但轉面只三斫，用右手轉身。

「紐拳碾步勢如初」紐拳碾步——拳下垂，左手略出，右手下出上進，俱陰面，左足隨左手，右足隨右手，搓挪不轉面兩紐。

「滾斫退歸原路」滾斫退歸原路——左手翻身三斫，退步。

「入步韜隨連進」韜隨連進——左手平著胸，略撒開，平直，右手覆拳兜上，至左手腕中止；左足隨左手入，斂步翻身，右手亦平著胸同

上。

「滾斫歸初飛步」右手斫後，右足搓挪。

「金雞獨立緊攀弓」右手復斫，右足搓轉，左拳自上插下，左足釣馬進半步，右足隨還連枝，即六路衝拳釣馬步。

「坐馬四平兩顧」即六路兩翅搖擺，還斗門，轉坐馬搖擺。

以上歌訣十二句，首句含坐山虎勢，自斗門起演，步法由連枝變坐馬。次句含急步三追，並演左手長拳。三句含雙刀斂步。四句含滾斫手法。五句含分身十字手法。六句含架刀斫手法。七句含紐拳手法，內攝碾步。八句含滾斫手法。九句含韜隨連進手法，內攝斂步。十句含滾斫手法。十一句含緊攀弓手法，內攝釣馬步。十二句含坐馬步法，並演斗門。

查六路，十段錦歌訣及詮釋中，步法之可考見的，只連枝步，塌

步，仙人步，追步，釣馬步，逼步，坐馬步，斂步，碾步等九法，餘九法百家未為釋明。手法之可考見的，只斫、擄、抹、搖、擺、撒、兜、分、衝、鉤、發、插十二法，餘二十三法，百家亦未為釋明。百家視六路，十段錦歌訣隱略難記，後人視百家的詮釋。也有隱略難明之感。套數拳法，非親炙不能得其傳，故百家內家拳法中說「木牛流馬，諸葛書中之尺寸詳矣！三千年來能復用之者誰乎？」是其著述，不過留作武術史上的參考，在三百年前的百家，早有自知之明了。

## 內家拳的打法

黃百家所舉內家拳的打法如下：

長拳，滾斫，分心十字，擺肘逼門，迎風鐵扇，棄物投光，推肘捕陰，彎心杵肋，舜子投井，剪腕點節，紅霞貫日，烏雲掩月，猿猴獻

果，綰肘裹靠，仙人照掌，彎弓大步，兌換抱月，左右揚鞭，鐵門閂，柳穿魚，滿肚痛，連枝箭，一提金，雙架筆，金剛跌，雙推窗，順牽羊，亂抽麻，燕抬腮，虎抱頭，四把腰等。

以上這些打法中，在六路中可以考見的，只有長拳，抱月，亂抽麻，揚鞭四法。在十段錦中可以考見的，只有滾斫，分身十字二法，分心十字疑即分身十字。

## 內家拳所禁犯病法

黃百家所舉內家拳的禁犯病法計十有四：

一、懶散

二、遲緩

三、歪斜

四、寒肩
五、老步
六、腆胸
七、直立
八、軟腿
九、脫肘
十、戳拳
十一、扭臀
十二、屈腰
十三、開門捉影
十四、雙手齊出
以上禁犯病法，百家在六路詮釋中特特提出的有二：一為直立，百

家云：「凡步俱蹲矬，直立者病法所禁；」二為戳拳，百家云：「凡長拳要對直，手背向內向外者即病，中戳法拳。」

## 內家拳的心法

曹秉仁《寧波府志・張松溪傳》，謂內家拳有敬緊徑勁切五字訣，此五字不以為用而所以神其用，猶兵家之仁信智勇嚴云。按此是拳家由博歸約之法，百家在所著《內家拳法》中引征南的話說：

「拳亦由博而歸約，由七十二跌，二十五拿，以至十八，由十八而十二，由十二而總歸之存心之五字。」

七十二跌是什麼呢？據百家詮釋：即長拳，滾斫，分心十字等打法色名，打法何以稱之為跌呢？百家雖未釋明，大概打者為我，跌者為敵，因敵我地位的不同，打跌情勢之相異，故有兩稱。惟百家所舉的打

法，在《內家拳法》中共三十句，除首句可以分析出長拳、滾斫兩個打法之外，其餘二十九句，竟難考出其究含若干打法在內。

二十五拿是什麼呢？據百家詮釋，即斫、削、科、磕、靠等。查斫、削、科、磕、靠等為練手三十五法、二十五拿及三十五法之語，均見於百家《內家拳法》中，數名均異，百家未為釋明，後人自難研考。

十八是什麼呢？據百家詮釋，即六路中十八法；但六路中的十八法，百家也未為之指明。

十二是什麼呢？據百家詮釋，即倒、換、搓、挪、滾、脫、牽、綰、跪、坐、撾、拿，其中倒換綰三法，見三十五練手法。

總歸的五字，《寧波府志》與百家的詮釋相同，即敬、緊、徑、勁、切五字。王征南說：「精於拳者，所記止有數字。」這不獨內家拳為然，中國歷來名家武術，都有此種心法相授，百家雖得征南之傳，然

功力坐廢，征南擇徒，又復謹嚴，故名盛一時的內家拳，致成絕響。

## 內家拳穴法的研究

曹秉仁《寧波府志・張松溪傳》中說：「松溪搏人，必以其穴，有暈穴，有啞穴，有死穴，相其穴而輕重擊之，無毫髮爽者。」

黃梨洲《王征南墓誌銘》中說：「征南搏人，皆以其穴，一切如銅人圖法。」

黃百家《內家拳法》中說：「穴法有死穴、啞穴、暈穴、欬穴、膀胱、蝦蟆、環跳、曲池、鎖喉、解頤、合谷、內關、三里等穴。」

據梨洲之說，銅人圖法，乃是拳家研究穴法的秘笈。那麼，銅人圖法究竟是什麼呢？《四庫全書・銅人針灸經提要》，有如左的說明：

「晁公武讀書後志曰：『《銅人腧穴針灸圖》三卷，皇朝王惟德

撰，仁宗嘗詔惟德考次針灸之法，鑄銅人為式，分藏府十二經，旁注腧穴所會，刻題其名，並為圖法，及主療之術，刻版傳於世。』王應麟玉海曰：『天聖五年十月壬辰，醫官院上所鑄腧穴銅人式二。詔一置醫官院，一置大相國寺仁濟殿。先是，上以針砭之法，傳述不同，命尚藥奉御王惟一考明堂氣穴經絡之會，鑄銅人式；又纂集舊聞，訂正偽謬，為《銅人腧穴針灸圖》經三卷，至是上之，摹印頒行。翰林學士夏竦序所言，與晁氏略同，唯王惟德作惟一，人名小異耳。』周密齊東野語曰：『嘗聞舅氏章叔恭云。』昔卒襄州日，嘗獲試銅人全像，以精銅為之，府藏無一不具，其外腧穴，則錯金書穴名於旁，凡背面二器，相合則渾然全身，蓋舊都用此以試醫者。後趙南仲歸之內府，叔恭嘗寫二圖刻梓以傳焉。今宋銅人及章氏圖皆不傳。」

《中國針灸治療學》曹炳章序中說：「宋至明正統時，經四百餘

年，銅人昏暗，更命醫臣重加修正，以復舊觀。」今北平歷史博物館陳列之銅人，舊藏清宮，為前明皇朝所遺，不知是否即正統時修正銅人？果爾，則齊東野語所云失傳之物，當係置大相國寺者，歷史博物館銅人，苟非宋鑄，至少應是明代仿造之器。

又四庫著錄《銅人針灸經》七卷時，未見王惟德三卷原本，故列王應麟王海之說，疑《銅人針灸經》，或即天聖舊本，由後人析為七卷，然惟德舊經實未佚，慈谿馮一梅嘗購得之。梨洲謂：「征南搏人。皆以其穴，一切如銅人圖法。」今此標準銅人，及標準圖籍，皆未失傳，宜可為拳家研究穴法捷徑，而實則並不盡然。

按仁宗詔惟德撰圖籍，鑄銅人，其目的在訂正訛謬，用此以試醫者，作為針灸治療的準繩。著者於十八年冬，嘗赴北平，摩挲銅人，又取圖籍研觀，見諸穴名下，或注主某疾，或注治某病，百家《內家拳

法》中的合谷、內關、三里、曲池等酸痛諸穴圖經中雖有其名，而實異用。唯天突一穴，按之咳嗽，可當百家所云咳穴，然合谷、內關、三里、曲池諸穴，須捉臂點按，遇肌肉堅實，指力欠勁者且不應。天突亦須捉頸從容為之，小炫技巧以駭庸俗則可，遊動鬥毆以制敵人則難。

又銅人圖中，只有膀胱俞而無膀胱穴名，膀胱在肚臍下盆骨內，受傷足以致命，應入死穴。環跳一穴，因臀部肌肉豐厚，受搏無甚酸痛，不應列入拳家穴法之內。解頤鎖喉，皆拳中打法解數，並非穴名。解頤者，搏人頤部脫臼之法，鎖喉者，搏人喉部閉氣之法，一可致腦部震盪而暈倒，為暈穴之一；一可致喉管損斷而死亡，為死穴之一。

蝦蟆穴待考。至何者為啞穴？死暈啞咳酸痛之穴，究有若干？何由發生此種效果？以及搏穴之法若何？百家均未詳舉，會當參研他種圖籍，另成專著闡明。

## 內家拳傳佈區域的研究

梨洲《王征南墓誌銘》，據征南口述，內家拳是由陝西流傳至浙江溫州，由溫州流傳至寧波的。

據王漁洋《讀聊齋李超始末識後》所說，內家拳是關中人王宗傳給溫州陳州同的。州同是明朝嘉靖間人。

征南去州同時代不遠，故內家拳由溫州流傳至寧波之說，是不會錯的，現在所要研究者，由陝西流傳至溫州這一說是否可信。

按北人稱拳曰錘，近人或作捶。內家拳六路歌訣煞錘衝擄兩翅搖的煞錘，都是北地方言，而非南人口語，故就語言學的見地來說，可以證明內家拳確是北方拳法，由陝西流傳至溫州，大致是可信的。

## 內家拳的失傳

內家拳的源流，梨洲的《王征南墓誌銘》，曹秉仁的《寧波府志・張松溪傳》舉之甚詳。與征南同輩而異師者，有李天目、徐岱岳、盧紹歧、董扶輿、夏枝溪、柴元明、姚石門、僧耳、僧尾九人，與百家同輩而異師者有李天目之徒余時仲、吳七郎、陳茂宏三人。除百家未傳人外，徐岱岳、盧紹歧、董扶輿、夏枝溪、柴元明、姚石門、僧耳、僧尾、余時仲、吳七郎、陳茂宏等，均未載傳人。

考《南雷文定》，梨洲《王征南墓誌銘》，作於康熙八年己酉；曹秉仁《寧波府志》，則纂於雍正十三年，其間相去六十六年，府志於張松溪事蹟及內家拳源流，採訪甚詳，徐等十一人苟以技授徒，決無不載之理。黃百家於康熙十五年所著《內家拳法》中，亦不致謂此術已為廣

陵散，自視其著述等於諸葛書中的木牛流馬，尺寸雖詳，而歎後人誰復能用，故愚斷內家拳已於清初失傳。

# 內家拳附錄

附錄所收文獻：一為黃梨洲《王征南墓誌銘》，見南雷文定。一為黃百家《內家拳法》，見昭代叢書。一為《張松溪傳》，見《寧波府志》。一為王漁洋《讀聊齋李超始末識後》，見《聊齋志異》。

以上均內家拳重要參考材料。余固陋識淺，雖掉筆萬言，據以考釋，然立言當否，未敢自信；爰錄其文，附於書末，備世之好是者研考，而指余之疵焉。又檀幾叢書中之黃百家《征南射法》，則為附錄之附錄矣。

## ㈠《王征南墓誌銘》（黃梨洲）

少林以拳勇名天下，然主於搏人，人亦得以乘之。

有所謂內家者，以靜制動，犯者應手即仆，故別少林為外家，蓋起於宋之張三丰。三丰為武當丹士，徽宗召之，道梗不得進，夜夢元帝授之拳法，厥明以單丁殺賊百餘。

三丰之術，百年以後，流傳於陝西，而王宗為最著，溫州陳州同，從王宗受之，以此教其鄉人，由是流傳於溫州。

嘉靖間，張松溪為最著。松溪之徒三四人，而四明葉繼美近泉為之魁，由是流傳於四明。

四明得近泉之傳者，為吳崑山、周雲泉、單思南、陳貞石、孫繼槎，皆各有授受。崑山傳李天目、徐岱岳。

天目傳余時仲、吳七郎、陳茂宏。

雲泉傳盧紹歧。

貞石傳董扶輿、夏枝溪。

繼槎傳柴元明、姚石門、僧耳、僧尾。

而思南之傳則為王征南。

思南從征關白，歸老於家，然精微所在，亦深自秘惜，掩關而理，學子皆不得見。征南從樓上穴板窺之，得梗概。

思南子不肖，思南自傷身後莫之經紀。征南聞之，以銀卮數器，奉為美櫝之資。思南感其意，始盡以不傳者傳之。

征南為人機警，得傳之後，絕不露圭角，非遇甚困則不發。

嘗夜出偵事，為守兵所獲，反接廊柱，數十人轟飲守之。征南拾碎瓷，偷割其縛，探懷中銀，望空而擲，數十人力爭攫，征南遂逸出，數十人追之，皆踣地，匍匐不能起。行數里，迷道田間。守望者又以為賊也，聚眾圍之。征南所向，眾無不受傷者。

歲暮獨行，遇營兵七八人，挽之負重。征南苦辭求免，不聽。征南

至橋上，棄其負。營兵拔刀擬之，征南手格，而營兵自擲仆地，鏗然刀墮，如是者數人。最後取其刀，投之井中。營兵索綆出刀，而征南之去遠矣。

凡搏人皆以其穴：死穴、暈穴、啞穴，一切如銅人圖法。有惡少侮之者，為征南所擊，其人數日不溺，踵門謝過，乃得如故。牧童竊學其法，以擊伴侶，立死。征南視之曰：「此暈穴也，不久當甦。」已而果然。

征南任俠，嘗為人報仇，然激於不平而後為之。有與征南久故者，致金以仇其弟。征南毅然絕之，曰：「此以禽獸待我也。」

征南名來咸，姓王氏，征南其字也。

自奉化來鄞，祖宗周，父宰元，母陳氏，世居城東之車橋。至征南而徙同嶴。

少時，隸盧海道若騰，海道較藝給糧，征南嘗兼數人，直詣行部，征南七矢破的，補臨山把總。

錢忠介公建口，以中軍統營事，屢立戰功，授都督僉事副總兵官，事敗，猶與華，兵部句致島人，藥書往復，兵部受禍，仇首未懸，征南終身菜食，識者哀之。

征南罷事家居，慕其才藝者，以為貧必易致，營將皆通殷勤，而征南漠然不顧，鋤地擔糞，若不知其所長易於求食者在也。

一日，遇其故人。故人與營將同居，方延松江教師，講習武藝。教師倨坐彈三弦，視征南麻巾緼袍若無有。故人為言征南善拳法。教師斜盻之曰：「若亦能此乎？」征南謝不敏。教師軒衣張眉曰：「亦可小試之乎？」征南固謝不敏。教師以其畏己也，強之愈力。征南不得已而應，教師被跌，請復之，再跌而流血被面，教師乃下拜，贄以二縑。

征南未嘗讀書，然與士大夫談論，則蘊藉可喜，了不見其為粗人也。

予嘗與之入天童。僧山焰有膂力，四五人不能掣其手，稍近征南，則蹶然負痛。征南曰：「今人以內家無可炫耀，於是以外家攙入之，此學行當衰矣！」因許敘其源流，忽忽九載，征南以哭子死。高辰四狀其行，求予志之，生於某年丁已三月五日，卒於某年己酉二月九日，年五十三。

娶孫氏。子二人，夢得前一月殤，次祖德。以某月日葬於同嶴之陽。

銘曰：

「有技如斯，而不一施，終不鬻技，其志可悲！水淺山老，孤墳孰保，視此銘章，庶幾有考。」

## (二)《內家拳法》（黃百家）

自外家至少林，其術精矣！張三手既精於少林，復從而翻之，是名內家；得其一二者，已足勝少林。王征南先生從學於單思南，而獨得其全。

余少不習科舉業，喜事甚，聞先生名，至寶幢學焉。先生亦自絕憐其技，授受甚難其人，亦樂得余而傳之。——有五不可傳：心險者，好鬥者，狂酒者，輕露者，骨柔質鈍者。——居室敧窄，習余於其旁之鐵佛寺。

其拳法有：

應敵打法色名若干長拳，滾砍，分心十字，擺肘逼門，棄物投先，推肘捕陰，彎心杵肋，舜子投井，剪腕點節，紅霞貫日，烏雲掩月，猿

猴獻果，綰肘裹靠，仙人照掌，彎弓大步，兌換抱月，左右揚鞭，鐵門閂，柳穿魚，滿肚痛，連枝箭，一提金，雙架筆，金剛跌，雙推窗，順牽羊，亂抽麻，燕抬腮，虎抱頭，四把腰等。

穴法若干：死穴、啞穴、暈穴、咳穴、膀胱、蝦蟆、猿跳、曲池、鎖喉、解頤、合谷、內關、三里等穴。

所禁犯病法若干：懶散遲緩，歪斜，寒肩，老步，腆胸，直立，軟腿，脫肘，戳拳，扭臀，屈腰，開門捉影，雙手齊出。而其要則在乎練，練既成熟，不必顧盼擬合，信手而應，縱橫前後，悉逢肯綮。

其練法有：

練手者三十五：斫、削、科、磕、靠、擄、逼、抹、芟、敲、搖、擺、撒、鐮、擂、兜、搭、剪、分、挑、綰、衝、鉤、勒、耀、兌、換、括、起、倒、壓、發、插、削、鈞。

練步者十八：墊步，後墊步，碾步，沖步，撒步，曲步，蹋步，斂步，坐馬步，釣馬步，連枝步，仙人步，分身步，翻身步，追步，逼步，斜步，絞花步。而總攝於六路十段錦之中，有歌訣，其六路曰：

「佑神通臂最為高，斗門深鎖轉英豪，仙人立起朝天勢，撒出抱月不相饒，揚鞭左右人難及，煞錘衝擄兩翅搖。」

其十段錦曰：

「立起坐山虎勢，迴身急步三追，架起雙刀斂步，滾斫進退三迴，分身十字急三追，架刀斫歸營寨，紐拳碾步勢如初，滾斫退歸原路，入步韜隨連進，滾斫歸初飛步，金雞獨立緊攀弓，坐馬四平兩顧。」

顧其詞皆隱略難記，余因各為詮釋之，以備遺忘，詮六路曰：

「斗門：左膊垂下，拳衡上當前，右手平屈向外，兩拳相對為斗門。右足踝前斜，靠左足踝後，名連枝步。右手以雙指從左拳鉤進復鉤

出，名亂抽麻。右足亦隨右手向左足前鉤進復鉤出，作小蹋步，還連枝。

通臂：長拳也。右手先陰出長拳，左手伏乳，左手從右拳下亦出長拳，右手伏乳，共四長拳。足連枝隨長拳，微搓挪左右。凡長拳俱要對直，手背向內向外者即病。中戳法拳。

仙人朝天勢：將左手長拳往右耳後向左前斫下，伏乳，左足搓左，右手往左耳後向右前斫下，鉤起閣左拳背，拗右拳正當鼻前，似朝天勢。右足跟劃進，當前橫向外，靠左足尖如丁字樣，是為仙人步。凡步俱蹲矬，直立者病法所禁。

抱月：右足向右至後大撤步，左足隨轉右作坐馬步，兩拳平陰相對為抱月復搓。前手還斗門，足還連枝，仍四長拳。斂左右拳緊叉當胸，陽面，右外左內，兩睜夾脅。

揚鞭：足搓轉向後，右足在前，左足在後，右足即前進追步，右手陽發陰，膊直，肘平屈，橫前如角尺樣，左手扯後伏脅，一斂轉面，左手亦陽發陰，左足進同上。

煞錘：左手平陰屈橫，右手向後兜至左掌，右足隨右手齊進至左足後。

衝擄：右手向後翻身直斫，右足隨轉向後，左足揭起，左拳衝下著左膝上為釣馬步，此專破少林摟地挖金磚等法者。右手擄左睜，左手即從右手內豎起，左足上前逼步，右足隨進後仍還連枝；兩手仍還斗門。兩手搖擺，兩足搓右作坐馬步，兩拳平陰著胸，先將右手掠開，平直如翅，復收至胸，左手亦然。」

詮十段錦曰：

「坐山虎勢：起斗門，連枝足搓向右作坐馬，兩拳平陰著胸。

急步三追：右手撒開轉身，左手出長拳同六路，但六路用連枝步，至搓轉方右足在前仍為連枝步，而此用進退斂步，循環三進。

雙刀斂步：左膊垂下，拳直豎當前，右手平屈向外，叉左手內，兩足緊斂步。

滾斫進退三迴：將前手抹下，後手斫進，如是者三進三退。凡斫法：上圓，中直，下仍圓如斧鉞樣。

分身十字：兩手仍著胸，以左手撒開，左足隨左手出，右手出長拳循環三拳，右手仍著胸，以右手撒開，左足轉面，左手出長拳，亦循環三拳。

架刀斫歸營寨：右手復叉左手內，斫法同前。滾斫法但轉面只三斫，用右手轉身。

紐拳碾步：拳下垂，左手略出，右手下出上進，俱陰面，左足隨左

手，右足隨右手搓挪不轉面兩紐。

滾斫退歸原路；左手翻身三斫，退步。

韜隨連進：左手平著胸，略撒開，平直，右手覆拳兜上，至左手腕中止；左足隨左手入，斂步翻身，右手亦平著胸同上。

滾斫歸初飛步：右手斫後，右足搓挪。

金雞獨立緊攀弓：右手復斫，右足搓轉，左拳自上插下，左足釣馬進半步，右足隨還連枝，即六路衝拳釣馬步。

坐馬四平兩顧：即六路兩翅搖擺，還斗門，轉坐馬搖擺。」

六路與十段錦多相同處，大約六路練骨，使之能緊，十段錦緊後又使之放開。

先生見之笑曰：「余以終身之習，往往猶費追憶，子一何簡捷若是乎？雖然，子藝自此不精矣！」

先生之所注意，獨喜自負，迥絕乎凡技之上者，則有盤斫。——拳家唯斫最重，斫有四種：滾斫、柳葉斫、十字斫、雷公斫，而先生另有盤斫，則能以斫破斫，——此則先生熟久智生，劃焉心開而獨創者也。

方余之習於鐵佛寺也，琉璃慘淡，土木猙獰，余與先生演肆之餘，濁酒數杯，團圞繞步，候山月之方升，聽溪流之嗚咽，先生談古道今，意氣慷慨，因為余兼及槍、刀、劍、鉞之法曰：「拳成，外此不難矣！某某處即槍法也，某某處即劍鉞法也。」以至卒伍之步伐，陣壘之規模，莫不淋漓傾倒曰：「我無傳人，我將盡授之子。」余時鼻端出火，興致方騰，慕睢陽、伯紀之為人，謂：「天下事必非齷齪拘儒所任，必其能下馬殺敵，上馬擒王，始不負七尺於世。」當是時，西南既靖，東南亦平，四海宴如，此真挽強二石，不若一丁之時。

家大人見余跅弛放縱，恐遂流為年少狹邪之徒，將使學為科舉之

文，而余見家勢飄零，當此之時，技即成而何所用，亦遂自悔其所為。因降心抑志，一意夫經生業，擔簦負笈，問途於陳子夔獻、陳子介眉、范子國雯、萬子季野、張子心友等，而諸君子適俱亦在甬東，先生入城時，嘗過余齋，談及武藝事，尤為余諄諄愷切曰：「拳不在多，唯在熟，練之純熟，即六路亦用之不窮。其中分陰陽，止十八法，而變出即有四十九。」

又曰：「拳如絞花捶，左右中前後皆到，不可止顧一面。」又曰：「拳亦由博而歸約，由七十二跌：——即長拳滾斫，分心十字等打法色名。——二十五拿：——即斫刪科磕靠等。——以至十八：——即六路中十八法。——由十八而十二。——倒換搓挪滾脫牽綰跪坐撾拿。——由十二而總歸之存心之五字，敬緊徑勁切。故精於拳者，所記止有數字。」余時注意舉業，雖勉強聽受，非復昔日之興會，而先生亦

且貧病交纏，心枯容悴而憊矣。

今先生之死止七年，吾鄉盜賊亦相蟻合，流離載道，白骨蔽野，此時得一桑懌，足以除之，而二三士子，猶伊吾於城門晝閉之中，當事者命一二守望相助等題，以為平盜之政，士子摭拾一二兵農合一之語，以為經濟之才，龍門子秦士錄曰：「使弼在，必當有以自見。」言念先生，竟空槁三尺蒿下，寧不惜哉！

嗟呼！先生不可作矣！念當日得先生之學，即豈敢謂遂有關於匡王定霸之略，然而一障一堡，或如范長生、攀雅等保護黨閭，自審諒庶幾焉！亦何至播徙海濱，擔簦四顧，望塵起而無遁所如今日乎！則昔以從學於先生而悔者，今又不覺甚悔夫前之悔矣！先生之術所受者唯余，余既負先生之知，則此術已成廣陵散矣。余寧忍哉！故特備著其委屑，庶後有好事者，或可因是而得之也。雖然，木牛流馬，諸葛書中之尺寸詳

矣，三千年以來，能復用之者誰乎？

## 《征南射法》

王征南先生有絕技曰射。余聞先生名，因裹糧至寶幢學焉。先生亦自絕憐其技，授受甚難其人，亦樂得余而傳之。

其射法：

一曰：利器。調弓審矢，弓必視乎己力之強弱，矢又視乎弓力之重輕。——寧手強於弓，毋弓強於手，如手有四力、五力，寧挽三力、四力之弓。古者以石量弓，今以力，一個力重九斤四兩。三力、四力之弓，箭長十把，重四錢五分，五六力之弓，箭長九把半，重五錢五分。大約射的者，弓貴窄，箭貴輕。禦敵者，弓寧寬，箭寧重。

二曰：審鵠。鵠有遠近，欲定鏃之所至，則以前手高下準之，——

箭不知所落處，是名野矢。欲知落處則以前手之高下分遠近，如靶子八十步，前手與肩對；一百步則與眼對；一百三四十步則與眉對；最遠一百七八十步則與帽頂相對矣。

三曰：正體。蓋身有身法，手有手法，足有足法，眼有眼法。——射雖左手，實本於身，忌腆胸，傴背，須亦如拳法蹲矬連枝步，則身不動，臂不顯，肩、肘、腰、腿，力萃於一處。手法務要平直，必左拳與左睜左肩及右肩右睜節節相對，如引繩發箭時，左手不知巧力，盡用之右手。左足尖、右足跟與上肩、手相應。眼不可單看靶子，蓋眼在靶子，則手與靶子反不相對矣。只立定時將左足尖恰對垛心，身體既正，則手足自相應，引滿時，以右眼觀左手，無不中矣。

然此雖精詳纖悉，得專家之密授者，猶或聞之。而唯是先生之所注意，獨喜自負迴絕乎凡技之上者，則於斗室之中，張弦白矢，出而注

鏃，百發無失。——捲席作垛，以凳仰置桌上，將席閣之使極平正，以矢鏃對席心，離一尺，滿彀正體射之，矢著席，看其矢鏃偏向，或左或右，即時救正之，上下亦然，必使其矢從席罅無聲而過，則出而射鏃，但以左足尖對之，信手而發，自然無失。——此則先生熟久智生，劃焉心開而獨創者也。

## ㈢《張松溪傳》（《寧波府志》）

張松溪，鄞人。

善搏，師孫十三老。

其法自言起於宋之張三丰，三丰為武當丹士，徽宗召之，道梗不前，夜夢元帝授之拳法，厥明，以單丁殺賊百餘，遂以絕技名於世。

由三丰而後，至嘉靖時，其法遂傳於四明，而松溪為最著。松溪為

人恂恂如儒者，遇人恭敬，身弱不勝衣，人求其術，輒遜謝避去。

時少林僧以拳勇名天下，值倭亂，當事召僧擊倭。

有僧七十輩，聞松溪名，至鄞求見。松溪蔽匿不出，少年慫恿之，試一往，見諸僧方校技酒樓上，忽失笑。僧知其松溪也，遂求試，松溪曰：「必欲試者，須召里正約，死無所問。」許之。松溪袖手坐，一僧跳躍來蹴，松溪稍側身，舉手送之，其僧如飛丸隕空，墜重樓下，幾斃，眾僧始駭服。

嘗與諸少年入城，諸少年閉之月城中，羅拜曰：「今進退無所，幸一試之。」松溪不得已，乃使諸少年舉圜石可數百斤者累之，謂曰：「吾七十老人，無所用試，供諸君一笑可乎？」舉左手側而劈之，三石皆分為二，其奇異如此。

松溪之徒弟三四人，葉近泉為之最。

得近泉之傳者為吳崑山、周雲泉、單思南、陳貞石、孫繼槎，皆各有授受。

崑山傳李天目、徐岱岳。天目傳余時仲、陳茂宏、吳七郎。雲泉傳盧紹歧。貞石傳夏枝溪、董扶輿。繼槎傳柴元明、姚石門僧耳、僧尾。而思南之傳則有王征南。征南名來咸。為人尚義，行誼修謹，不以所長炫人。

蓋拳勇之術有二：一為外家，一為內家。外家則少林為盛，其法主於搏人，而跳踉奮躍，或失之疏，故往往為人所乘。內家則松溪之傳為正，其法主於禦敵，非遇困危則不發，發則所當必靡，無隙可乘，故內家之術為尤善。

其搏人必以其穴：有暈穴，有啞穴，有死穴。相其穴而輕重擊之，無毫髮爽者。

其尤秘者，則有敬、緊、徑、勁、切五字訣，非入室弟子，不以相授。蓋此五字，不以為用，而所以神其用，猶兵家之仁信智勇嚴云。

## ㈣《讀聊齋李超始末識後》（王漁洋）

拳勇之技少林為外家，武當張三手為內家。三手之後，有關中人王宗，宗傳溫州陳州同。州同，明嘉靖間人，故兩家之傳，盛於浙東；順治中，王來咸征南，其最著者也。

雨窗無事，讀李超事始末，因識於後。征南之徒弟，又有僧耳、僧尾者，皆僧也。

民國二十四年十　月一日印刷
民國二十四年十二月一日發行

（定價四角）

# 內家拳

著者　唐豪
發行者　中國武術學會
代售處　本外埠各書局

總發行所　中國武術學會
上海薩坡賽路一九〇號
電話八〇六四〇

# 彩色圖解太極武術

定價220元

定價220元

定價220元

定價220元

定價350元

定價350元

定價350元

定價350元

定價350元

定價350元

定價350元

定價350元

定價350元

定價220元

定價220元

定價220元

定價350元

定價220元

定價350元

定價350元

定價220元

定價220元

定價220元

# 歡迎至本公司購買書籍

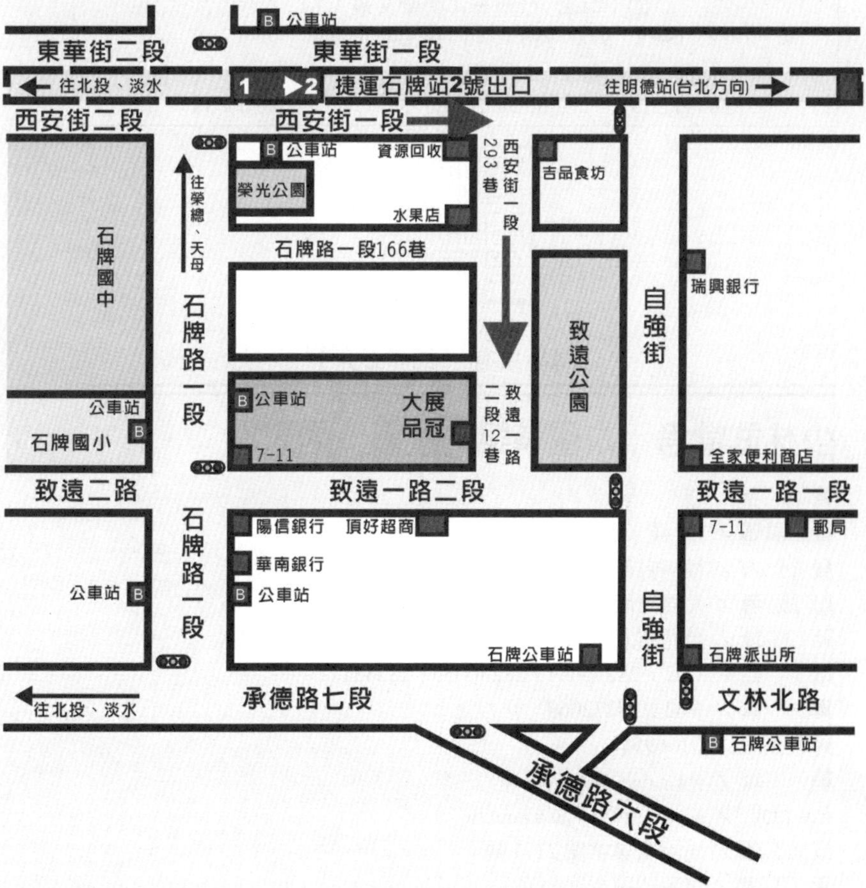


建議路線

1.搭乘捷運．公車

淡水線石牌站下車，由石牌捷運站２號出口出站(出站後靠右邊)，沿著捷運高架往台北方向走(往明德站方向)，其街名為西安街，約走100公尺(勿超過紅綠燈)，由西安街一段293巷進來(巷口有一公車站牌，站名為自強街口)，本公司位於致遠公園對面。搭公車者請於石牌站(石牌派出所)下車，走進自強街，遇致遠路口左轉，右手邊第一條巷子即為本社位置。

2.自行開車或騎車

由承德路接石牌路，看到陽信銀行右轉，此條即為致遠一路二段，在遇到自強街(紅綠燈)前的巷子(致遠公園)左轉，即可看到本公司招牌。

國家圖書館出版品預行編目資料

少林武當考　太極拳與內家拳　內家拳／唐豪　著
——初版，——臺北市，大展，2014〔民103.06〕
面；21公分 ——（唐豪文叢；4）
ISBN　978－986－346－023－7（平裝）
1.拳術　2.太極拳　3.中國
528.972　　103006585



**少林武當考　太極拳與內家拳　內家拳**

著　　者／唐　豪
責任編輯／王躍平
發 行 人／蔡森明
出 版 者／大展出版社有限公司
社　　址／台北市北投區（石牌）致遠一路2段12巷1號
電　　話／（02）28236031・28236033・28233123
傳　　眞／（02）28272069
郵政劃撥／01669551
網　　址／www.dah-jaan.com.tw
E－mail／service@dah-jaan.com.tw
登 記 證／局版臺業字第2171號
承 印 者／傳興印刷有限公司
裝　　訂／承安裝訂有限公司
排 版 者／弘益電腦排版有限公司
授 權 者／山西科學技術出版社
初版1刷／2014年（民103年）6月

定 價／230元

大展好書　好書大展
品嘗好書　冠群可期

大展好書　好書大展
品嘗好書　冠群可期